文芸批評の冒険

――清水正とわたし――

此経 啓助

鳥影社

文芸批評の冒険
清水正とわたし

目次

「私」とは何か——死と祈りを巡って〈批評生活〉五十五年——清水正

昭和二十四年二月八日、わたしはこの世に誕生した。記憶はいっさいない。母の言によればわたしは仮死状態で産まれた。難産の末、鉤で引っ張り出されたそうである。記憶はもちろんない。わたしの名前は母が付けた。「正」と書いて「まさし」と読む。ある日、わたしは母に自分の名前を漢字でどのように書くのかを聞いた。母は手元にあった新聞紙に「清水正」と書いた。わたしはその新聞紙に自分の名前を繰り返し繰り返し何度も書いた。何歳の時だったのかは不明だが、その時の光景は鮮やかに覚えている。畳に座って針仕事をしている母の後ろ姿が目に焼き付いている。

わたしには三歳上の姉と二歳下の妹がいて、わたしは母の強い意志によって長男として育てられた。が、実はわたしは四男で三人の兄がいたが、三人ともに幼くして亡くなっている。要するにわたしは、三人の子供を失った母と父に育てられた。わたしが死ななかった四男（死なん）を明確に自覚したのは中学に入り、戸籍を眼にした時である。

幼い頃の思い出と言えば、雨戸の隙間から朝陽が射し込む頃、よく母が浪花節を唸っていたことである。一家五人が寝ていた六畳間の鴨居にはミレーの複製画「晩鐘」が粗末な額に納まって飾られていた。これは父が新聞に載ったものを切り抜いたものらしい。当時わたしはこの絵のタイトルも作者も知らなかった。わたしは畑で頭を垂れてお祈りしている二人の人物を、長い間、父と母の姿に重ねていた。

絵が衝撃を与えたのはピカソの「泣く女」で、これは小学六年の時、美術クラブ担当の教諭が画集を広げて紹介した。担当教諭の話は何一つ記憶にないが、「泣く女」そのものがわたしをぶちのめした。わたしはそれまで絵をかくことが好きなマンガ少年で、将来絵描きになろうと思っていたが、一枚の「泣く女」がそんな思いを微塵に砕いた。わたしは絵を描くひとから〈絵を考えるひと〉となった。

そもそもわたしが考え始めたのは〈時間〉についてであった。授業で、時計の読み方を理解できなかったわたしは、〈時間とは何か〉を考えるようになった。わたしは本を読んで知識を得るタイプではなく、あくまでも自分の頭で考え、自分の納得のいく解答（解釈）を求め続けるタイプであり、それは今も変わらない。

中学二年の時、担任の教諭が日記を付けることを義務付けた。わたしはノートに「現在でも奴隷はいる」「勉強は何のためにするか」「動物をかわいがるとはどういうことか」などについて書き教諭に提出した。教諭はかならず感想を書いて返却していたが、三番目のものに関してはなんの感想も記されていなかった。以来、日記を教諭に提出することはなくなったが〈書く〉ことは習慣になった。

アインシュタインの相対性理論の紹介本を読んでわたしは「万物はすべてくりかえし」を書いた。ニーチェの永劫回帰の時間論と同じようなことを考えた。すべては必然であり、善悪観念が一挙に瓦解した瞬間の絶望を体感した。眼前が真っ白になったあの瞬間を忘れることはできない。満十四歳の時である。高校に入ってベルグソンの『時間と自由』、大学時代にハイデガーの『有と時』(『存在と時間』)を読んだが、彼らの時間論は自分のそれに照らしてよく理解できた。

高校に入って同級生の美しい文学少女に太宰治の『如是我聞』を勧められ、太宰に耽溺した。〈死〉は親しいものとなり、その影響から最初の小説『青蜻蛉』を書いた。テーマは〈芸術と死〉であった。本気で小説家を目指したが、十七歳の時、ドストエフスキーの『地下生活者の手記』を読んで衝撃を受け、以来、ドストエフスキー文学の研究にのめり込むことになった。浪人時代、すきっ腹を抱え、上野公園のベンチで『罪と罰』を読んだ記憶が鮮やかに蘇る。

昭和四十三年四月、わたしは日芸文芸学科に入学した。時は熱い政治的季節、学生運動が激化、日芸の校舎は封鎖された。わたしは江古田の段ボール工場で時給百円の肉体労働で金を貯め、最初の本『ドストエフスキー体験』(清山書房)を二十歳の時に刊行した。最初に書いた『白痴論は十九歳、以来今年(二〇二三年)で五十五年の歳月が過ぎたことになる。

『地下生活者の手記』を熟読していたわたしは、革命幻想に惑わされることはなかった。革命闘士たちの革命理論はまったく説得力がなかった。今でもそうだが革命論者たちは『悪霊』すら読んでいないだろう。さすがレーニンはドストエフスキー文学の危険を知っており、実権を握ってからはドストエフスキー文学を極力、ロシア人に読ませないようにした。秘密革命結社の一員だったシガリョフは個人の自由と平等を目指す革命運動が、結局はごく一部の支配者と大多数の奴隷民を生み出すことに気づき、革命結社から離脱する。我が国の連合赤軍事件が勃発する百年も前にドストエフスキーは『悪霊』で革命の破綻的運命を描き切っていた。悪魔と神を同等のものとして内包する人間精神の複雑性は、共産主義者の単純素朴な理論によっては微動だにしないのである。

大学を卒業してわたしは日芸に残ったが、指導教授との軋轢もあり、最初の数年間は文字通り闘いの連続であった。七年間にわたる副手時代、二人の教授から辞職勧告を受けたが、二度とも毅然たる態度で拒否した。これらの経緯を詳細に伝えようとすれば一冊の大小説を提示しなければならない。わたしは副手の辞令に書かれていた「副手は教授、助教授の命を受けて研究に勤しめ」を忠実に護ったに過ぎない。否、正確に言えば指導教授からの命はなかったので、自分の判断で研究を進めていたことになる。窓際に追い込まれ、一切の雑務から解放されたわたしはひたすらドストエフスキー論を書き継いだ。

助手になって当時の学科主任進藤純孝教授からゼミ（「文芸演習」）を任された。以来わたしのドストエフスキー論は学生との対話、授業と共にある。「文芸批評論」で『罪と罰』について講義し、ゼミ雑誌として毎年『ドストエフスキー研究』を、「雑誌研究」の機関誌として『ドストエフスキー曼陀羅』を断続的に刊行した。ドストエフスキー文学の凄さをいくらかでも分かってほしいという欲求は半世紀を越えて持続した。

わたしが批評の対象としたのは小説家（ドストエフスキー、カミュ、トルストイ、チェーホフ、志賀直哉、椎名麟三、三島由紀夫、林芙美子、正宗白鳥、モーパッサン）、詩人（宮沢賢治、萩原朔太郎、中原中也、ロープシン）、批評家（小林秀雄）、漫画家（つげ義春、日野日出志、赤塚不二夫、藤子・F・不二雄 etc.）、映像作家（今村昌平、成瀬巳喜男、宮崎駿、北野武）、舞踏家（土方巽、大森政秀、大野一雄）、落語家（古今亭志ん生、立川談志）その他童話作家グリムや日芸創設者松原寛など多岐にわたるが、その中心となるのはドストエフスキーと宮沢賢治と林芙美子の文学と言っていい。彼らの文学にはキリスト教、仏教、日常における永遠の問題が組み込まれている。

人間はわけも分からずこの地上世界に誕生し、生き、そして死んでいく。生きている間は、みな各人生の意味を考えるだろう。しかし誰一人として明確な答えを導き出した者はいない。七十四年の人生を生き、かけがえのないひとの死に立ち会いながら、憤怒と悲嘆を抱えて書き続けてきたわたしに言えるのは「なるようにしかならない」ということだけである。

高校時代に書道の教諭がわたしに「空雲」という雅号を授けてくれた。先日、約六十年ぶりに話がしたくなり、突然自宅に電話したところ、八年前に亡くなられたということであった。今、わたしは「清水正ブログ」で〈随想　空即空〉の総タイトルのもと様々な批評を展開している。清水空雲としての究極の哲理は「有即無　無即有　有無即空　空即空　空空空　正空」に尽きる。
　わたしは内在的欲求に従って批評を展開してきた。こういった姿勢を実存主義的と名付けようがそうでなかろうがわたしにはいっさい関係ない。わたしは批評衝動にかられたものにしか魂が反応しない。この姿勢は今後とも変わることはない。わたしにとって批評はテキストの解体と再構築といった体裁を取っているが、その本質は死を内包する空としての〈祈り〉である。それを別の言葉で言えば「空即愛」となる。

（二〇二三年九月十二日）

I　マサシの空空空

マサシ外伝

我孫子の都市伝説

清水正（マサシ）先生は談論を肴に飲み会をよくもつ。大学の出講日に合わせて、例えば、金曜日に開く「金曜会」は講師の漫画家や文芸批評家たちと江古田の中華料理店で侃々諤々を愉しんでいる。私は出講日が異なるので、なかなか参加できない。やさしい清水先生は互いの住まいが近い常磐線の柏駅近辺で飲み会をときどき設定してくださった。漫画批評家と編集者の、私たちより一回り若い先生の友人を誘って、いつのまにか「柏会」と名乗っている。柏には太平書林という年中無休、安価、良質の古書店があって、「柏会」はそこで落ち合って近くの大衆酒場に向かう。

あるとき、先生の病気（帯状疱疹後の神経痛）を気遣って、先生の住まいに近い我孫子駅で「柏会」を開いたことがあった。私は我孫子に五〇年ぶりにやってきたせいか、我孫子というより先生の土地に降り立ったような気分だった。そこには常に宇宙と拮抗している深淵な思想の持ち主・清水正を生み育てた地霊と、先生の強烈な思考の磁場が強く感じられた。我孫子では先生がらみの奇怪な現象が起こっても不思議じゃない。私は暗い駅前ロータリーに立って思った。

それからしばらくして、私は柏の古書店で「柏会」の若い編集者と偶然会って、その我孫子での体感を一層強めた。というのは、編集者が私に話した我孫子で最近噂される都市伝説がその理由なのだが、伝説はまさしく先生がらみの奇怪な現象で満ち溢れており、私の体感を裏付けてくれた。

「クークークー」とは

中村光の漫画『聖おにいさん』が立川のアパートに暮らすブッダとキリストのフィクションで知られているが、我孫子の都市伝説は即禅師と正空聖人と名乗る二人の老いた仏教僧が夜の我孫子の街を激論しながら歩いている、というリアルな目撃談だ。話を伝えてくれた編集者は柏の隣の北小金に住んでいるが、実は彼に最初にその目撃談を伝えたのは我孫子に住んでいる漫画批評家だった。漫画批評家自身は目撃していないが、酔って清水先生のマンション近くの路地をふらついていたとき、暗い横丁から老人の声で「クーソククー、クークークー」というのが聞こえ、「早く食えよ、さあ食え食え」と言っていると思って通り過ぎたことがあったという。その後、我孫子のスナックや飲み屋で飲んでいると、酔客が彼の聞いた「クークークー」をよく話題にしている場面に出くわした。それらを総合すると、暗闇の老人には相手がいて、しかも食べ物の話でなく、仏教について議論しているらしい。さらに、話をまとめることの上手な編集者に打ち明けて、話をこう整理した。私はそれを編集者から聞いたのだ。

話は即禅師と正空聖人がたまたまどこかで清水先生の発行する『Д文学通信』（一四二六号）を手にしたところ、文中に「有即無　無即有　有無即空　空即空　空空空　正空」というお経とまぎらわしい文句を発見して、文句を付けていたのを住人が目撃したことから生まれたらしい。先生の文句はいわば哲学的覚え書きだが、一方、二人の老僧の文句付けはいわば仏教的注釈のようなものだ。議論は仏教の門外漢にはチンプンカンプンで、二人が「末法の時代が終わって、現代は無法時代だ。そんなときに、マサシ（伝聞のまま）はこんな仏教を誤解させるチラシを配って、凡夫をさらに混乱させるつもりか」と叫んでいたらしいが、これなぞは先生を非難しているのでなく、激賞しているようなものだ。以下、二人の仏教談義をなぞってみた。

即禅師VS正空聖人

二人の老僧は正体不明だが、「柏会」の若い二人は私と同様に我孫子駅周辺には清水先生の思考の磁場がみなぎっていると考え、老僧は先生の強力な想念から生じた幽霊ではないかという。しかし、私は即禅師が「マサシはドラえもん論でも死即生といい、今回も〈今、ここ〉から無即有を引きずり出したり、凡夫が〈即〉を瞬間接着剤か何かと間違えてしまうだろう」と言ったということを聞いて、二人が鎌倉時代からワープしてきたと推測している。即禅師は鎌倉仏教の〈即〉思想を深めた、過去を現在進行形化する「同時刻性」のワープで、〈今、ここ〉に現れた。

一方、正空聖人は播磨（兵庫県）の書写山円教寺で同時代に活躍した性空上人の弟子と称していたから、師ゆずりの〈空〉の哲学で、つまり「色即是空　空即是色」と唱えて〈空〉を移動してきたのだろう。

さて、問題は二人が先生の哲学的覚え書きのどこに文句を付けていたかだ。先生は先の仏教風文句をこう分かりやすく説明している。

「〈有〉とは全世界、全宇宙、全自然、今、ここに現象するあらゆるものを指している。〈今、ここ〉とは〈過去〉（もはやない）と〈未来〉（まだない）の合流する零を意味する」。つまり、「本来〈今、ここ〉という〈有〉は〈無〉ということになる」。だから、「わたしたちは〈今、ここ〉という〈有即無　無即有〉の現在しか生きられない」。先生はこれを「奇蹟」という。いわば〈有無即空〉だが、「〈空〉を言葉で説明することはできない」。「〈空〉は〈空〉でしかない」。

二人の老僧はしばしば「ウーム、クー、ソククー」と言葉をつまらせていたので、先述したように、住人は食べ物の話と勘違いしてしまった。しかし、二人はこの説明に感心していたに違いない。問題は〈空〉だ。

〈正空〉の意味は

仏教の世界は「三千大千世界」というように、非常に広大だ。時間的にも五六億七〇〇〇万年後に弥勒菩薩が現れるといわれるように、人間の尺度をはるかに超えている。

「この仏教の時間・空間の尺度をもってしても、マサシのように〈有無即空〉から〈現象するあらゆるもの〉を〈空〉と考えるのは少々強引ではないか」

そう疑義を呈したのが即禅師で、疑義は〈色即是空　空即是色〉もまた〈色〉を〈現象するあらゆるもの〉と考えれば、マサシの〈有無即空〉と同じ意味になるが、では〈有無即色〉はどこに消えてしまったのか、ということらしい。私がマサシ説をソンタクすれば、仏教が一般に〈色〉とは形を有し、生成し、変化する物質現象であると述べている以上、〈有無〉は〈色〉を含んでより超大だ。むしろ、マサシが〈色〉の世界を自由自在に行動する、とくに未来の量子コンピューターが0と1を掛け合わせて計算する（0×1＝0でなく、〈有無即空〉になる）ようなマサシの光速度思考に、即禅師は少々苛立っているのではないか。実際のところ、禅師が〈即〉を駆使しても、それは現代のコンピューターが0と1を加算しているようなものなので、マサシになかなか追いつけない。

「〈空空空〉など論理を超えて遊び心を覚える」

正空聖人は全国を遊行する聖《ひじり》らしくマサシをほめる。しかし、聖人がよく分からないのが文末の〈正空〉だ。自身の戒名（出家者の名前）でもあるが、それは聖人が師の性空上人から「〈空〉を悟った正統派たれ」の訓戒をこめて贈られた名で、仏教史上〈正空〉という独立した語はない、というのが聖人の見解だ。即禅師もまた〈正即空〉が成立するかどうか悩んでいるようだった。

私は、〈正空〉の意味を解くには「これは体感であるから、体感した者にしかわからない」という先生の言葉がヒントだ、とにらんでいる。つまり、〈正〉とは「体感した者」、マサシだ。マサシの〈空〉、〈マサシ即空　空即マサシ〉、「ここに現象するあらゆるもの」がマサシなのだ。マサシが「全世界、全宇宙、全自然、今」なのだ。ブッダもまた「天上天下唯我独尊」と宣言したが、ドストエフスキーも、宮沢賢治も、みなそう宣言しているのではないか。

マサシとドストエフスキー

夢か現か判然としないが

「マサシは達者にしておるか」

読書をさえぎるようにして、とつぜん耳元で「やさしいセロのような声」(『銀河鉄道の夜』)がした。

「えっ、マサシってだれ?」

「きみの友人の清水正(マサシ)先生のことではないか。「マサシ外伝」という短文を書いたのはきみではなかったのか」

そう、わたしはたしかに清水先生の『清水正・ドストエフスキー論全集』第一〇巻「宮沢賢治とドストエフスキー」の「栞」に書いた。それどころか今まさに、その重い全集を仰向けに寝た姿勢でバーベルのように持ち上げて読書中だ。

「マサシ外伝」は先生の住まいのあるJR常磐線・我孫子駅周辺で噂されていた先生がらみの都市伝説を紹介したものだ。鎌倉時代からやってきた即禅師と正空聖人が清水先生の文章(『Д文学通信』一四二六号所収）に「有即無　無即有　有無即空　空即空　空空空　正空」という仏教哲学的覚え書きを発見して、「これはすごいさとりだ」と我孫子の夜の街で大騒ぎしていたという話だ。

「マサシ」という呼び名は、ふたりの老僧が清水先生を仏教の深い境地に到達したひとりとして、親愛と尊敬をこめて呼んだところから生まれた。

わたしは伝聞を書いただけなので、声の主がだれだか判別できないが、「あなたは即禅師ですか」とたずねると「そうだ」という。

「きょうはマサシとドストエフスキーの関係について知りたくて、ちょうどきみがマサシの新しい全集を読んでいたので、きみのところにおじゃました」

セロより重い声が即禅師の背後からした。姿は見えないが、姿の感じから察すると正空聖人らしい。わたしは後期高齢者になってから読書中に眠ってしまうことが多いのだが、わたし自身は眠っている自覚がない。というのは、読書は睡眠中（？）もずっと続いており、実際頁の上の文字は文章をつづっている。ただ目覚めて文章を読み直すと、内容がかなり脱線している。わたしはそれを文字を見るのでなく、感じて読んでいると思っている。だから、ふたりの老僧の気配を感じてコミュニケーションすることにあまり不自然さをおぼえない。

「おふたりは具体的にどういうところを知りたいのですか」

「マサシはこの全集で宮沢賢治を論じているが、いつも仏教哲学でなくキリスト教的な、あるいはドストエフスキーの思想で論じることが多いのか？」

「これはなかなかの難問ではないですか」

わたしは読書中の全集をテキストにして、この難問にふたりの老僧とともに挑戦してみたくなった。まず「マサシ外伝」でのべた「マサシ即空／空即マサシ」についてふたりに説明し、それから難問の意味について論じ合うことにした。

マサシ即空／空即マサシ

ふたりの老僧はわたしの書いた「マサシ外伝」を読んでいたようだが、要点を再度説明した。まずマサシは先の仏教哲学的覚え書きについてこう話す。

「〈有〉とは全世界、全宇宙、全自然、今、ここに現象するあらゆるものを指している。〈今、ここ〉とは〈過去〉（もはやない）と〈未来〉（まだない）の合流する零を意味する」。つまり、「本来〈今、ここ〉という〈有〉は〈無〉ということになる」。だから、「わたしたちは〈今、ここ〉という〈有即無　無即有〉の現在しか生きられない」。マサシはこれを「奇蹟」という。いわば〈有無即空〉だが、「〈空〉を言葉で説明することはできない」。「〈空〉は〈空〉でしかない」のだ。

マサシはこの文句の最後を「空空空　正空」でむすぶ。

「この〈空空空〉などは論理を超えて遊び心をおぼえるよ」

正空聖人は宇宙を行脚する聖《ひじり》らしくほめる。ふたりを悩ませたのが「正空」だ。これはなにを意味しているのか。

わたしはマサシの「空は体感であるから、体感した者にしかわからない」という言葉に「正空」の意味を解くカギがあるとにらんだ。つまり、「正」とは「体感した者」、いわばマサシ本人だ。「マサシ即空／空即マサシ」で、マサシが「全世界、全宇宙、全自然、今、ここに現象するあらゆるもの」なのだ。

「きみは続けて、ブッダが「天上天下唯我独尊」と「正空」宣言したように、ドストエフスキーも宮沢賢治も「正空」宣言をしているとのべた。きみは「正空」を普遍的な思想と考えているのか」

わたしは即禅師の質問に「そうです」と断言した。「正空」の体感はすべての人間に平等に与えられている。ひょっとしたら、体感できるすべての生物にも与えられている。わたしはそう考えているだけだが、マサシは強く確信しているようだ。

脳科学の最新用語に「クオリア」という言葉がある。わたしたちが物質的対象を意識する際に生じる対象物の「質感」をいう。青葉茂る植物の「青」の感覚は意識するひとそれぞれで、カメラが写し取る「青」とは異なる。いわば「正空」の体感をふくんでいる。つまり、「クオリア」はひとそれぞれの「青」しかないことを示唆しているが、残念ながら、わたしたちはカテゴリー化された「青」で自身の世界を創ってしまう。こうした身近な例からもわかるように、「正空」の思想はわたしたちひとりひとりが「全世界、全宇宙、全自然、今、ここに現象するあらゆるもの」であることを教えている。

「仏教にも「本来本法性、天然自性身」という似た教えがある。わたしたちの心身はもともと仏と同じである」

即禅師はそういい、禅師と同時代の道元禅師（曹洞宗の開祖）の疑問を引き合いに出してこう続けた。

「道元禅師はこう問うた。そうした教えがありながら、なぜ先輩諸僧は仏になろうとさらに修行にはげんだのか、と。マサシもドストエフスキーも宮沢賢治も「正空」の思想をだれよりも深く自覚しながら仏道、いや失敬、文学の道にはげむのか」

「これは大問題だから、先にわしの質問に答えてくれ」

正空聖人は即禅師の話をさえぎって、こう質問した。

「宮沢賢治は法華経信者だといわれているが、なぜマサシはキリスト教的なドストエフスキーの思想で『銀河鉄道の夜』を批評するのか」

ドストエフスキーを読む

わたしはマサシ論を進めるに先立って、わたしの浅学つまり清水先生の良い読者でないことをふたりに正直に話した。だから思い込みが多々あることを断ったうえで、なるべく全集のテキストによりながら、まずドストエフスキー研究者としての先生の略歴をかいつまんで紹介しようとした。しかしながら、先生の研究歴があまりに膨大なため、案の定、わたしがそこからわずかにすくい取れたスプーン一杯のエッセンスを紹介するにとどまった。具体的にいえば、世界中で一番数多く（ギネスブックに登録申請したいほど）ドストエフスキー作品を読み続けることで、先生が文芸批評家というより文学哲学者と呼んだほうが座りがいい存在にいたったいきさつを語った。

清水先生は全集所収の「坂口安吾とドストエフスキー」冒頭で、「ドストエフスキーを読み続ける過程で、私は小林秀雄の評論を多く読んだ」とのべているが、小林のドストエフスキー研究に対して実に痛烈な批評を加えている。（以下四六二頁）

「小林がドストエフスキーの作品研究を中断せざるを得なかった理由は、彼が批評家としての自己の立場を明確に自覚し得なかったところにある」

たしかに小林はデビュー作の「様々なる意匠」で、「自己の立場」いわば文芸批評の理論的側面を批判して以来、終生「感想」という曖昧な立場にとどまった印象が強い。一方、先生の「自己の立場」は明確だ。

「批評家とは信仰も創造も同時に問題としながらも、結果的には常にその中間点で分裂し懊悩せる拱手傍観者にとどまらざるを得ないもののことである」

先生は「分裂と懊悩を果てしなく貫き通すこと」から「解体と再構築」という先生独自の文学理論を創造し、大量の「ドストエフスキーの作品研究」を実践してきた。もちろん、小林のドストエフスキー論にも彼の「分裂と懊悩」が感じられなくはないが、小林はこんな発言をもって「中断」にいたる。

「私は外国へ行く前に「『白痴』について」という評論を半分ほど書きまして、帰ってきたら、あとの半分を書こうと思っていたのです。帰ってみたら、駄目なんですよ。不思議なことですが、書けないのです」

数学者・岡潔との『対話　人間の建設』(新潮社)中の発言だが、小林は「だいいちキリスト教というものが私にはわからない」という。結局、「『白痴』の中に出ている無明だけを書い」て、「首のないトルソ」(未完の『白痴』論)だけが残ってしまったらしい。

「マサシは小林何某よりキリスト教にくわしいのか」

即禅師がたずねるので、わたしは少々困惑して、禅師に理解できるようにこうこたえた。

「マサシというか清水先生はキリスト教とその信仰を「無明」をも抱え込んだ「正空」体感の中で考え抜いた。そこが小林秀雄との大きな違いです」

「マサシが仏教哲学者ならば、先生は文学哲学者である。きみはそういいたいのか」

「そうです。マサシの仏教と先生の文学は哲学というコインの裏表のようなものです」

「コインのたとえはいかがなものか。わたしの考えでは、コインつまり貨幣は人間の「負債」を表徴しておって、なかなか使い勝手の悪いものだぞ」

わたしは同感すると同時に、このコイン(哲学)は清水先生専用のもので、わたしのような凡夫には使うことができない、と心中ひそかに思った。

「ところで、仏教哲学者はわかるが、文学哲学者とは何者か」

わたしの自信のない発言を見透かしたように、禅師がたずねる。

「世界文学」を批評する

わたしはコインに彫られた清水先生の肖像を思い浮かべながら、禅問答風に逃げるしかないと思ったが、逃げ切れなかった。

「文学哲学者とは清水正先生のことです」

「清水先生だけが文学哲学者なのか」

「…………」

「先生はテキストに「世界文学」という言葉を使っているが、文学哲学者と関係はないのか」

たとえば、テキスト「幻想第四次空間の旅」の六四頁には、「石炭袋」の「大きなまっくらな孔」の場面を引用して、先生はこうのべている。

「『銀河鉄道の夜』の中で最も重要な場面である。否、この場面は、ドストエフスキーやトルストイの全作品を通してみても、最大の問題を秘めている。まさに賢治の文学は世界文学の次元において把握し直さなければならないようだ」

「関係あります。「世界文学」を批評するのが文学哲学者です」

わたしはヒントをもらって語気を強めていった。というのは、最近、哲学者の鶴見俊輔の『夢野久作と埴谷雄高』（深夜叢書社）の中に「世界小説」という言葉を見つけて、先生の「世界文学」とどこか関係しているのではないかと思っていたからだ。鶴見は民俗学者の谷川健一との対談「多義性の象徴を生み出す原思想」の中で、夢野久作の作品を「世界小説」と評して、「世界小説というのは、世界を一つのものとしてとらえる感覚で貫かれているもの」と説明していた。「世界を一つのものとしてとらえる感覚」とはまさしく「正空」体感ではないか。鶴見の考えを少し乱暴にくくっていえば、「世界小説」は「多義性の象徴を生み出す原思想」を宿しており、つまりそれは「思想をつくる思想」なのだ。

「文学哲学者は「思想をつくる思想」でもある「世界文学」を批評します。ですから、清水先生にとって、ドストエフスキーこそが「世界文学」者を代表しているのです。そして、宮沢賢治です」

わたしはテキストの一〇六頁を開いて読んだ。

「ジョバンニ（ご承知でしょうが、彼は『銀河鉄道の夜』の主人公の少年です、とわたしは老僧に説明した）は作者賢治の安易な思いの中にとりこまれ、〝童話〟にふさわしい主人公の運命（苦難を経てハッピーエンドに終わる運命）を生きつくしたかもしれない。しかし、この『銀河鉄道の夜』は子供たちにのみ読まれるものとしての〝童話〟ではない。今まで比較検討してきたように、賢治がこの作品世界の中で提起している諸問題は、ドストエフスキーが最晩年の大長編

『カラマーゾフの兄弟』で扱っている諸問題と通底しているのである」

「先生はこうした諸問題と格闘してきたわけだ。先のわしの問題提起にもどるが、なぜキリスト教的な思想が優先されているのか。法華経信者・宮沢賢治の作品では、マサシのさとった仏教哲学的な思想が活用されていいはずだが」

即禅師の疑問の背景には、仏教界における通念があった。それは文学界からの影響があってのことだが、法華経信者の宮沢作品はその仏教思想から考えられるべきといったたぐいの風潮で、思想はシンボル扱いで、思想自体を自身で体感把握しようとしない。そのことはキリスト教思想が氾濫するドストエフスキー作品においてもいえることで、清水先生はシンボル化あるいはカテゴリー化したキリスト教思想を「解体と再構築」の批評でだれもが体感できる対象にしてきた。

「(想像力のはたらかない読者は、書かれてある作品世界の〝事実〟にとどまる他はないだろう)」(テキスト一〇九頁)

先生の苦悩はときどきこんな辛辣な口吻を( )で、いわば遠慮がちにもらす。


「懐疑のままの信仰者」

小林秀雄はドストエフスキーをキリスト教信者と考えていたが、清水先生はドストエフスキーと神(キリスト)の関係について、テキストの「椎名麟三の『罪と罰』の〈読み〉に関して」(三〇一頁)でつぎのように書いている。

「わたしはドストエフスキーははてしなく懐疑をし続ける信仰者なのではないかと思った。懐疑のままの信仰者ドストエフスキーである。ドストエフスキーの全作品が、なによりもその信仰の証なのではないかと思ったのである」

わたしは清水先生がドストエフスキーを「懐疑のままの信仰者」と考え抜いた背景には、西洋文学におけるキリスト教の影響が特定のバイアス（偏り）の下で働いており、それを是正したいという先生の密かなミッション（伝道的な使命）があるのではないかと疑っている。

「おいおいわしらをおいて勝手に妄想しなさんな」

ふたりがあわてて口をはさんできた。

「申し訳ありませんが、考えに自信がないので、このままモノローグさせてください」

わたしがこんな妄想にとりつかれたのは、最近E・アウエルバッハの『ミメーシス　ヨーロッパ文学における現実描写』（篠田一士・川村二郎訳、筑摩叢書）をひさしぶりに読み返していて、「比喩形象的解釈」ということばに出合ったせいだ。アウエルバッハはその意味をこう説明している。

「甲乙二つの事件あるいは人物の間の関係を定め、甲はそれ自身のみならず乙を意味し、また乙は甲を包含する解釈であって、一つの比喩形象の甲乙二つの両極は時間的には離れているけれども、両者とも現実の事件または人物として時間の内部に存在している。両者は歴史的生命である去りゆく流れの中に含まれ、その相互関係の理解、精神の洞察（インテレトゥクス・スピリトゥアリス）のみが精神的活動である」

アウエルバッハは「実際にわれわれは旧約聖書の神話が新約聖書にでてくる事件の比喩形象あるいは預言として解釈される例を沢山みている」といい、それは以下のような結果をまねいているると続ける。

「二つの事件の水平な関係、すなわち時間上・因果上の関係が失われ、「ここ」と「いま」とは現世の推移の一部をなすものではなくなって、たえず存在し未来において成就されるものとなる。厳密にいうと「ここ」と「いま」は神の前では、永遠のもの、恒常のもの、断片的な現世の出来事においてすでに完成したものである。このような雄大な統一性に立脚する歴史観は、古典古代の本質とは異質のものであって、これをそのまま言語構造、少なくとも文学言語の構造の内部に立ち入って破壊してしまうのである」

わたしには清水先生が「懐疑のままの信仰者」ドストエフスキーとともに「このような雄大な統一性に立脚する歴史観」に反逆し、ときには古代ギリシャの哲学者・ソフォクレスのもとをたずねて真理を問うているように思えた。

読者はこの全集のタイトルを見て、「ドストエフスキーと宮沢賢治」がどんな関係にあるのかととまどうだろう。先生はその点をよく承知しており、たとえばテキストの『銀河鉄道の夜』から『カラマーゾフの兄弟』へ」ではこう断りを入れている。

「実際に賢治はドストエフスキーを読んでいたのか、あるいは全く読んでいなかったのか。もし読んでいたとすれば、どの作品をどのような本（テクスト）で読んでいたのか。こういった実証的裏付をとることは文芸研究の基本的な作業といえるが、とりあえずわたしはそういった実証的文献学的考察をあと回しにして、まずは『カラマーゾフの兄弟』の子供たちの世界へとじかに入りこんでいこうと思う」（一一六頁）

わたしはそこでの時間的にも場所的にも遠く離れた子供たち、ここでは「イリューシャとジョバンニ」を「今、ここ」で考え抜く先生の方法に、アウエルバッハの「比喩形象的解釈」の「両者は歴史的生命である去りゆく流れの中に含まれ、その相互関係の理解、精神の洞察のみが精神的活動である」を思い起こし、強い同意と了解をおぼえた。また、この「比喩形象」は先に紹介した鶴見俊輔の「多義性の象徴を生み出す原思想」「思想をつくる思想」を強く連想させた。

「きみの妄想はわかったが、なぜ先生の「両者」の相棒がかならずドストエフスキーなのか」

老僧がふたりしてわたしを問いつめる。わたしはだんだん強くなってきた睡魔を振り払って、しどろもどろこう答えた。

「ドストエフスキーの作品には「比喩形象的解釈」を可能にする「精神的活動」、言い換えれば鶴見俊輔のいう「原思想」が満ちあふれており、「世界文学」研究のテキストとして最適なのです」

悲しみ・信仰・想像力

「きみが眠ってしまうと困るので、話題を変えよう。テキストにはマサシと先生のふたりの悲しみが文章の底に流れている。きみはそう思わないか」

正空聖人が例にあげた文章はつぎの箇所だ。『銀河鉄道の夜』のカムパネルラが列車の席からとつぜん消えてしまった有名な場面で、先生はそのジョバンニの驚きと悲しみの場面を引きながら、こんな激しい文章を書いている。

「この簡潔な文章には一片の感傷（センチメンタリズム）もない、甘さ（ナルシシズム）もない。こういった文章は「誰《だれ》にも聞えないやうに窓の外へからだを乗り出して力いっぱいはげしく胸をうって叫」んだことのある人の、「咽喉《のど》いっぱい泣」いたことのある人の、愛する者がいなくなってしまったあとの「黒いびどうど」のひかりに打たれたことのある人のものである。ジョバンニのはてしない悲しみと絶望を描きながら、作者はその悲しみと絶望におぼれてはいない。おぼれてはいないが、作者は泣きながら叫びながらペンを運んでいるのである」（八一〜八二頁）

「先生自身の悲しみがあふれているようだが、それは個人的な悲しみを超越して、観音菩薩の抱いている万人への悲しみのようだ」

さすが仏教者・正空聖人だ。しかし、即禅師はテキストのこんな文章をあげて、先生の悲しみを別の角度から考えているようだった。

「銀河鉄道に乗る前のジョバンニの現実はきびしくて悲しい。そして銀河鉄道から再び「黒い丘」の頂で目を醒ました後の現実はさらにきびしく悲しい。賢治がもし小説家であったなら、そのきびしく悲しい現実を描かなければならなかっただろう。賢治は幻想第四次の時空から現実へと回帰してきたジョバンニのその後の生活を〝暗示〟するにとどめた。その〝暗示〟はジョバンニの幸福を願う作者賢治の心情があり余るほど反映している。だがそれだけに、あたたかい牛乳をかかえて家に向かうジョバンニの後姿は、言葉にならないかなしみの尾を長く引いている」(一四二頁)

「ジョバンニに「かなしみの尾を長く」引かせている宮沢賢治は、童話の中心に観音菩薩を安置しているような弱い作家ではあるまい」

即禅師が正空聖人にこう反論した。わたしは大学の講義で使った文学理論家・外山滋比古の『修辞的残像』(みすず書房)の一節を思い出した。それは「童話の世界」と題された論考で、外山はこうのべていた。

「現実という無限の原型に接触して、人間が無数の異型表現を創り出す。それが求心的に凝集して、重なり合い、その結果が不変部になる。これがある社会にあって、長い時代に亘って行われ、言語化されたものが、民話、神話、伝説、お伽噺の類である。広義の童話である」

だから、童話の発生には「認識の混沌状態」が先行するという。

「ここにも先に紹介した宮沢賢治とドストエフスキーの諸問題が通底するという先生の説が浮上してくるのです」

わたしはこうのべながら、ふたりからの質問に身構えた。案の定、即禅師からちょっとむずかしい質問がきた。

「両者の悲しみをつなぐものはなにか。きみの外山先生からの考えでは、「混沌状態」の悲しみもまた「凝集して、重なり合い、その結果が不変部になる」。時空間が離れていても「不変部」だから不変で、つなぐ必要がないというのではあるまいな」

どうやら禅師はわたしの説明がみな借り物なので、テキストから清水先生自身の説明を見つけよ、と催促しているようだ。弱点を突かれて、わたしはあわてて「志賀直哉とドストエフスキーをめぐって」の二五五〜二五六頁を開いた。

「地球の裏側に生きている人間とも通信可能な現代にあっても、百年前（後）、千年前（後）、……一兆年前（後）に存在していたものと直接的なコミュニケーションをはかることはできない。それを可能にするのは「信仰」であり、人間の豊かな想像力である。ソーニャ（「彼女が『罪と罰』の登場人物って知ってますよね」と老僧方に付言）はあの菱形の貧しい小部屋に二千年の時空を超えて現出して来たキリストの存在をはっきりと感じている。それを可能にしているのはキリストが命であり復活であることを信じているソーニャの信仰なのである」

「ふむふむ、さすがマサシだ。涅槃に隠れてしまった仏が信者の強い祈りで「久遠仏」となって出現した『法華経』の話のようだ。悲しみもキリストも仏も「信仰」によってわたしたちとつながるわけだね。マサシならば、さらに「信仰」から「縁起」へ続けていくだろうが、先生は「人間の豊かな想像力」を「信仰」とならべてくる。なぜか」

禅師らしい鋭い質問だ。

「先生の真骨頂は文学哲学なんです。「信仰」の内容を問うためには「人間の豊かな」文学の「想像力」が必要なんです」

わたしは急いでそう答えると、その証拠として先生の長い引用の意味について話した。

文学作品の「今、ここ」

わたしは老僧方をまた不快にさせることを覚悟して、アウエルバッハの『ミメーシス』を引き合いに出した。

「清水先生の長文の引用にはどんな理由があるのか。また借り物の説明ですが、『ミメーシス』にもまた先生に負けず劣らず長文の引用がたくさん見受けられます。わたしのような借り物の理論を援用する族《やから》は、とかく他人の理論を引用します。しかし、先生はかならず批評対象の作品を引用します。『ミメーシス』も同様です」

老僧方はやはり不快な表情を浮かべたが、黙って話に耳をかたむけてくれた。そこで、まず全集テキストから先生の理由つきの引用箇所をふたりに示した。それらの引用に続けて、先生は理由を以下のようにのべていた。

「先にわたしは、『カラマーゾフの兄弟』から、イリューシャと小学生たちの〝石投げ〟の場面をほとんど全文引用したが、これはドストエフスキーが描く子供たちの世界をそのまま写し取ってみたい衝動にかられたこともあるが、それとは別に、宮沢賢治の読者にドストエフスキーの作品世界を知ってもらいたい気持もあったのである」（一三〇頁）

即禅師と正空聖人が読書中のわたしをたずねた理由は、ふたりがマサシのさとった仏教哲学的な「正空」に感動したことからはじまった。「正空」はマサシ、ブッダ、宮沢賢治、ドストエフスキー、キリストたちだけのさとりの産物でなく、わたしたちのすべてが「全世界、全宇宙、全自然、今、ここに現象するあらゆるもの」であることを意味している。わたしたちの日常的な世界に引き寄せていえば、わたしたちは「今、ここ」にあって、過去・未来の「合流する零」で森羅万象を引き受けている。文学作品はその「零」の「ミメーシス」（現実描写・模倣）を生命にして、人間の「精神的活動」を描く。

「清水先生もアウエルバッハも「世界文学」を「文学哲学」の研究対象（テキスト）にしている以上、その生命である「ミメーシス」を最大限に尊重しているはずです。それがよく表されているのが両人の長文の引用でしょう。実際、残念なことですが、とくに文芸批評においては、読者がテキストを知っていることを前提に引用文を省略する傾向があります。清水先生はいい意味で読者を信用していません。小林秀雄も同じ思いで長文の引用をくり返していたと思います」

「その読者を信用できない「いい意味」とはなにか」

即禅師がパンチをくり出す。

「先生はテキストの解釈において強い自信があって、「書かれてある作品世界の〝事実〟にとどまる他はないだろう」読者に代わって、それこそ「人間の豊かな想像力」をもってしか発見できない真実を伝えたかったのでしょう」

わたしはふたりが承認の合図のようにうなづくポーズを見て、話を先に進めた。

アウエルバッハは『ミメーシス』で、ヨーロッパ文学の古代から中世にかけては文体の「比喩形象的解釈」によってその特徴を判別できるという。つまり、中世文学までは「神の国の表徴《しるし》」が「ミメーシス」に見られる。しかしながら、近代文学リアリズムの登場にいたって、「古典古代末期や中世のキリスト教的な作品にあらわれている現実観は、近代リアリズムのそれとは完全に異質なもの」となった。アウエルバッハは引用した長文のテキストをまるで「今、ここ」を体感しているようにして読み、つまり「人間の豊かな想像力」を総動員して「ヨーロッパ文学における現実描写」をえぐり出して、その長大な歴史を描ききった。先生も同様の読みと想像力を駆使して、ドストエフスキー文学における現実描写をえぐり出して、混沌とした人間の「精神的活動」を描ききった。

「長文の引用は交換のきかない「今、ここ」そのものだ。だから、省略によってカテゴリー化やシンボル化された記号配列の分析には、「想像力」がそれほど必要ないかも知れない。しかし、「今、ここ」を読むには「想像力」が不可欠だといいたいのだね。つまり、マサシは先生の「人間の豊かな想像力」の翼に乗って、「正空」体感の境地にたどりついたということでもあるようだね」

即禅師は自分の結論に満足して坊主頭をなでた。

ほんとうの神を求めて

わたしは重い全集を支えかねて、深い眠りに落ちかかっていた。冒頭で説明したように、わたしは仰向けで寝た姿勢で読書をしていた。「やさしいセロのような声」の即禅師と話しすぎていたのかも知れない。それを邪魔するように、正空聖人がベースに似た重い声で、こんなやっかいな質問をしてきた。

「きみは中世文学までに使用可の「比喩形象的解釈」を清水テキストにも使っているようだが、ドストエフスキーの作品は中世文学なのか」

聖人はほんとうに西洋文学を知っているのかとタメ口をききたくなったが、眠気をはらって話を再開した。

「もちろん中世文学ではありません。背景にロシア正教会のキリスト教があります。ローマ・カトリック教会にくらべて、教義が古代教会に近いといわれています。たとえば、前者が「義」「十字架」「罪」などを重んじていますが、ロシア正教会はそれらに対して「愛」「復活」「救い」などを重んじています。清水テキストには古代キリスト教リアリズムがにじみ出ているようで、つい「比喩形象的解釈」で読んでしまいがちなのです」

わたしはまたまたアウエルバッハの『ミメーシス』を持ち出した。彼はこれから引用する文章で「比喩形象的解釈」に言及しているわけではない。しかし、わたしがそれをそのアナロジーから清水テキストに援用したくなった気持ちをわかってほしい。

「ロシア人は、十九世紀の西欧文明にはめったにみることのない経験の直接性を保持してくれたように思われる。強烈な実際的、倫理的、精神的衝撃がただちに本能の深淵を掻き立て、一瞬のうちに彼らは平静な、時としては無為徒食にひとしい生活から、実際面でも精神面でもこの上なく恐ろしい極限へと飛びこむのだ。彼らの本性、行動、思想、感情の振子運動はヨーロッパのどの国よりもはるかに大きいようである。このことはまた、**われわれがこの書の始めの数章で明らかにしようとつとめたキリスト教リアリズムを連想させるものである。**愛から憎しみへ、従順な献身から動物的な野蛮へ、真理への情熱的な愛から下賤な享楽欲へ、敬虔な素朴さから残忍なシニシズムへの変化は、特にドストエフスキーの場合にいえることであるが、彼に限らず、法外なものである」（太い書体の箇所はわたしが声を大にして話した）

テキストの「幻想第四次空間の旅」のサブタイトル「ほんとうの神を求めて」は、上記の「キリスト教リアリズム」を貫いて「懐疑のままの信仰者」ドストエフスキーに抜け出た清水テキストのわかりやすい「比喩形象」ではないか。わたしはテキストを開いて正空聖人に読み聞かせた。

「〝天上の神〟ではなく「たったひとりのほんたうの神さま」を求め続けるジョバンニの、深い深い懐疑が、ここでは理屈や論理ではなく〝さびしさ〟や〝かなしみ〟にまで透明化されている。

少年ジョバンニの〝かなしみ〟のなかに老大審問官（正空聖人が『カラマーゾフの兄弟』を読んでいるといいが）の神に対する底知れぬ懐疑と烈しい抗議がふくまれていることを忘れてはならない。「天上へなんか行かなくたっていゝぢゃないか。ぼくたちこゝで天上よりももっといゝとこをこさへなけぁいけない」というジョバンニの烈しい言葉は、復活したイエス・キリストを前にして天上の神の無用と無力を非難し、地上の王国を力説する老大審問官のそれと同じである。問題は老大審問官が地上の王国などはじめから信じていなかったことにある。吾ジョバンニもまた〝天上の神〟を非難することはできても、それにかわるべき「ほんたうのたった一人の神さま」を未だ知らないのである」（六一頁）

「清水先生自身もまた「ほんとうの神を求めて」文学哲学をしているのか」

またこんなめんどうな質問を聖人がしてきた。

「わたしには答えられませんが、このテキスト（『全集』第一〇巻）にかぎっていえば、つぎの先生の文章が気になります」

「何はともあれ、ドストエフスキーを読み続けてきたわたしの前に忽然と現われた宮沢賢治、彼との出会いに、わたしは大きなかなしみとともに感謝したい。愛する者をうばわれてしまったかなしみのはてしないそこから『銀河鉄道の夜』の詩人は現われてきたのであるから」（二四三〜二四四頁）

「わしはこの文章が気になる」

とつぜん即禅師がふたりに割り込んできて、テキストを開いた。禅師はこの分厚い全集をいつ読んだのだろうといぶかったが、頭のページを開いたので納得した。

「『白痴』を読み終った読者、つまりムイシュキン公爵の白痴、ナスターシャ・フィリポヴナの死体、ロゴージンの狂気を見届けた読者、『アンナ・カレーニナ』を読み終った読者、つまりアンナの死に立ち会った読者は、これからいったいどうしたらいいのだろう。『白痴』ではレーベジェフの娘ヴェーラ・レーベジェワが、『アンナ・カレーニナ』ではアンナの息子セリョージャが、残された者としてその責をはたさなければならないだろう。ヴェーラやセリョージャの問題はひとまず置いて、わたしはこれから、『銀河鉄道の夜』のジョバンニに照明をあてていきたいと思う。ジョバンニ少年もまた残された者としての課題を荷なっているからである」（一四頁）

わたしは「ほんとうの神を求めて」「大きなかなしみとともに」「残された者として」と声に出して読み上げて、これらの謎に挑戦することが清水先生の文学哲学者としてのミッションなのだろうと思った。しかし、この超難問を即禅師、正空聖人、わたしの三人にマサシを加えて、別の機会に考えることを提案した。みないささか疲れていたので、黙ってうなづいた。わたしはほんとうに眠かったので、正直ほっとした、のもつかのま、とつぜん全集が世界のように重く胸にのしかかってきた。ひどい金縛りだ。先生の世界は支えきれない。マサシ助けて。

運命は神の面をつけるか――マサシの『浮雲』論――

1

正月早々、思わず声に出して、笑ってしまった。

母校の日本大学芸術学部文芸学科から『江古田文学』一一四号「特集・日本実存主義文学」(二〇二三年一二月二五日発行)が送られてきて、早速「アンケート　実存主義は滅んだか?」の頁を開いた。文芸批評家の畏友・清水正氏のアンケートを読むためだが、笑ったのはそのときのことだ。アンケートの設問は三つ、回答は一つ四〇〇字以内、設問❶は「あなたにとって、「私」とはどんなものですか」とある。案の定、清水氏の実存主義?を知っている人にとって、よくあることだが、氏は約束ごとを無視し、設問三つまとめて「昭和二十四年二月八日、わたしはこの世に誕生した。記憶はいっさいない。云々」と約三五〇〇字(目分量)の自己プロフィールを書いていた。実は氏がこの原稿を出したあと、氏から「編集者が原稿を削れと言ってきた。プンプン」と怒りの電話を頂戴していたので、その顛末についつい笑ってしまったのだ。

ところがビックリしたことに、わたしのほかに笑っているものがいたのだ。笑い声は男性で、わたしの脳内で反響して、数人はいるようだった。正体はすぐ割れた。なつかしい即禅師と正空聖人で、なんと清水氏の書いた『浮雲』論八冊をおさめた老生あて宅配便に潜んでやってきた。包みの隅から、小指大の老僧ふたりがわたしに何かを呼びかけている。八十路をゆく老生、とうとう認知症になってしまったかと少々不安になったが、誰だろうとふたりをじっと見つめているうちに、姿が少しずつ大きくなり、イメージが実体となって、小柄なふたりが立っていた。文中こうした神秘的体験が頻発するが、ともかくふたりがわたしとともに笑ったいきさつについて話をしたい。

鎌倉時代からやってきた即禅師と正空聖人は、清水氏の仏教哲学的断章「有即無　無即有　有無即空　空即空　空空空　正空」に敏感に反応するらしく、ある晩、その断章を偶然知って、氏の住まいの近くで、「これはすごいマサシのさとりだ」と大騒ぎした。そんな都市伝説にわたしは衝撃を受け、感想文「マサシ外伝」（『清水正・ドストエフスキー論全集』第一〇巻「宮沢賢治とドストエフスキー」栞）を清水氏に進呈したりしているうちに、ふたりのイメージ、たぶん幽霊と親しくつき合うようになった。

「ま〜ふたりはマサシのストーカーのようなものだな」

ふたりはそううそぶき、いまでは清水氏の書斎に潜り込んでいるようだった。どうやらふたりが氏の強力な想念から誕生した幽霊という噂は本当のようだ。

「おまえさんがアンケートを読んで笑ったとき、わしらもマサシの書斎にいて、同時に読んで大笑いしたのさ。マサシの禅僧っぽいふるまいにね」

「同感です。最近、道元禅師の『永平広録』という禅の講義録を読んだのですが、講義のはじめに、禅師が中国から帰国したときのあの有名なさとりを弟子たちに説教しても、弟子たちはその真意がわからなかったみたいですね」

さっそく即禅師がさとりの一節を声に出した。

「ただふつうに天童先生（道元禅師の中国での師）にお会いし、すぐに眼は横に、鼻は真っすぐについていることを知り、これを心に留めてから人にだまされず、空手で故国に帰ってきた」

「空手とは道元禅師のさとりがすべての天地と一体だということだから、マサシのいう空が「全世界、全宇宙、全自然、今、ここに現象するあらゆるもの」と同じだね」

正空聖人が付け足した。つまり、清水氏は実存をZENで応じたというのが老僧たちとわたしの笑いの理由ということになる。さらに、聖人は話をつづけた。

「マサシの禅僧的ふるまいもさることながら、アンケートの内容も実によかった。マサシの今この全世界、いわば実存が一望できた。そこでだ、わしらがおまえさんのところに突然やってきた理由を説明しよう」

説明によれば、ふたりはある日、清水氏が書斎の大量の蔵書から作家・林芙美子の『浮雲』を一〇年かけて批評したシリーズ本八冊を苦労して探し出し、梱包して、わたしに送るのを目撃した。送られるその大部の自著について、わたしが論評しなければならぬことを知って、この機会にひさしぶりにわたしに会おうではないかということになった。というのは、この氏の『浮雲』論は『清水正・ドストエフスキー論全集』第一〇巻「宮沢賢治とドストエフスキー」で露わになったマサシの仏教哲学がさらに深められ、『銀河鉄道の夜』のジョバンニ少年が求める「ほんたうのたつた一人の神さま」がまた問題になっている。ついては、わたしの拙文「マサシとドストエフスキー」(『ドストエフスキー曼陀羅』特別号「清水正とドストエフスキー」掲載)の文末で、わたしが提案した即禅師、正空聖人、わたしにマサシを加えて、みなでこの神の問題を考えてみる、を実行するということになったらしい。きっと老僧たちは『浮雲』論をテキストにして、清水氏の西洋と東洋の宗教思想を架橋せんばかりの批評の醍醐味をわたしとともに味わいたかったのだろう。

2

清水氏の『浮雲』論シリーズは、わたしの手元にそろった一〇冊を整理すれば、以下のようになる。すべて氏の自費出版で、版型はA5版、( )内は発行年月日と本文総ページ数だ。

①『私家版　林芙美子と屋久島』(二〇一一年二月三〇日、一五九頁)
②『林芙美子と屋久島』(二〇一一年四月三〇日、一五六頁)
③『『浮雲』放浪記　No.1』(二〇一一年一二月三〇日、一二七頁)
④『『浮雲』放浪記　No.2』(二〇一二年一二月三〇日、一三二頁)

⑤『『浮雲』放浪記　No.3』（二〇一三年一二月三〇日、一五六頁）
⑥『浮雲』放浪記　No.4』（二〇一七年一二月二〇日、一三九頁）
⑦『『浮雲』放浪記―ドストエフスキー文学との関連において―No.5』（二〇一八年一二月三〇日、二〇三頁）
⑧『林芙美子の文学『浮雲』の世界　No.1』（二〇一三年一二月三〇日、一八九頁）
⑨『林芙美子の文学『浮雲』の世界　No.2』（二〇一六年一二月三〇日、三四四頁）
⑩『林芙美子『浮雲』における死と復活の秘儀　成瀬巳喜男の映画『浮雲』を視野に入れて』（二〇一七年一二月三一日、七一頁）

「総頁数一六七六頁、よく読んだね。おつかれさま」

即禅師が二週間かけて読了したわたしを慰めてくれた。ふたりもまたわたしの読んだ内容をそのまま彼らの脳内にインストールして、提案実行の準備万端だ。さっそく三人の『浮雲』論（上記一〇冊分）の感想をそれぞれ述べようと思うのだが、先に林芙美子著『浮雲』のあらすじをごく短く紹介しておく。わたしの読んだ新潮文庫（一九九六年一二月一〇日　七三刷）の裏表紙にこんなコピーがある。

「第二次大戦下、義弟との不倫な関係を逃れ仏印に渡ったゆき子は、農林研究所員富岡と出会う。一見冷酷な富岡は女を引きつける男だった。本国の戦況をよそに豊かな南国で共有した時間は、二人にとって生涯忘れえぬ蜜の味であった。そして終戦、焦土と化した東京の非情な現実に弄ばれ、ボロ布のように疲れ果てた男と女は、ついに雨の屋久島に行き着く。放浪の作家林芙美子の代表作」

さて、この物語とマサシのアンケートのＤＮＡの結合から生まれたのが『浮雲』論だというのが、即禅師の感想で、こう力説する。

「アンケートはマサシの一〇年間の汗と血の結晶だ。最後の一節は「空即空　空空空　正空」を超えている」

鎌倉仏教の即思想を極めた即禅師らしい感想で、禅師は一節を読み上げた。

「わたしにとって批評はテキストの解体と再構築といった体裁を取っているが、その本質は死を内包する空としての〈祈り〉である。それを別の言葉で言えば「空即愛」となる」

一〇冊の中で①『私家版　林芙美子と屋久島』がアンケートを反映してコンパクトによくまとまっており、大部の『浮雲』論全体をつらぬく「空即愛」がみずみずしいという点で、三人の意見が見事に一致した。巻頭に置かれた「林芙美子と言えば「夜猿」がすべて」は、清水氏の母の病院での最期の日々を描いており、その小品が巻末の「林芙美子・断想」の次の文章を味わい深いものにしている。

「林芙美子は、自分の血肉を分けたようなゆき子を殺し、ろくでなしの富岡兼吾を生かした。その設定にわたしの心は千千に乱れ、林芙美子の〈偉さ〉に撃たれる。わたしの理想とする〈偉大なる母性〉、全身血にまみれ、我が子をはてしなく包み込む大いなるマトリョーシカを感じる」

マトリョーシカはあの入れ子のロシア人形だが、マトリョーシャの愛称ともいう。もちろん、マトリョーシャはドストエフスキーの『悪霊』のスタヴローギンが自殺に追い込んだ少女だ。富岡はスタヴローギン的人物として描かれる。テキスト⑧で詳細に論じられるが、即禅師はジョバンニやマトリョーシャなど子どもには弱いようだ。

清水氏はこの巻の「林芙美子と屋久島」に収められた「「屋久島紀行」を読む」において、作者がバスで取材中、ヘッドライトに照らされ、喚声をあげる島の子供たちに出くわした場面で、「私は時々窓からのぞいて、暗い道へ手を振つた」という作者の文をわざわざ太字に変えて、こう感想を述べる。

「林芙美子は島の子供達の純朴な驚きに深く共感している。林芙美子は闇の中で目を輝かせている島の子供達だけに手を振っているのではない。両親とともに、重い荷を背負って行商に歩いた少女時代の自分の姿にも手を振っている。林芙美子がバスの中から手を振ったその〈暗い道〉がどれだけ深く暗かったことか」(①)

「マサシの〈暗い道〉もまた『浮雲』論に姿を現す」

即禅師の口からそんな言葉がこぼれた。

3

正空聖人が突然、思いがけない感想を語り出した。

「A5判の用紙一六七六枚を平面に全部並べてごらん。わしには白黒の碁石が隙間なく並べられた囲碁の棋譜とその解説に見えるよ。白石は富岡兼吾、黒石は幸田ゆき子だ。もちろん、彼らを操っているのは林芙美子だが、その対局つまり富岡とゆき子のやりとりを記録した棋譜『浮雲』を綿密に読み直しているのがマサシだ。マサシは『浮雲』論で『浮雲』を囲碁のゲームとして解読しているのさ」

清水氏がこんな感想を聞いたら驚くだろう。実は聖人にこうほのめかしたのが、囲碁を下敷きにしたといわれるあの『西遊記』の孫悟空なのだという。空を自在に操る聖人が構築した空のグローバル・ネットワークに乗って孫悟空がやってきて、囲碁学を聖人に伝授したらしい。

「アンケートの自己プロフィールによれば、マサシは中学時代、書道の先生から「空雲」という雅号をもらったとか。孫悟空は筋斗雲の法で自在に空の雲に乗れるというから、親戚かも知れないぞ」

即禅師が話をまぜかえす。ともかくお釈迦様が三蔵法師を警護する空の武人として育てた孫悟空の話によれば、囲碁の特徴は次のことのようだ。

囲碁はなにもない碁盤、いわば空に白と黒の石を交互に打ち合って、空の領土の多寡を競うゲームである。石を打つ場所は、十字路になっている交点、打った石は今ここに永遠に止まっているしかない。白黒の打ち合いで空がほぼなくなって、勝負が見えてきても、勝敗は石が囲んだ目（領土）を勘定しなければわからない。それまではそれぞれの石のつながりの意味をたどって、その局面（打ち手の思い）を判読する。例えば、「黒一が一四のカケツギ（上から石をつなぐ）だと、白6でbと逃げられて打つ手なし。黒cからの出切り（白の脱出）が成立しない。一路違いで天と地の差があった」（「朝日新聞」二〇二四年三月二一日朝刊の棋譜解読の一部／カッコは筆者）のように。『浮雲』論では、例えば、「富岡は速達で、ゆき子を四谷見附駅に呼び出すが、まずリアリズムに徹すればゆき子が富岡の呼び出しに応ずることはない。ゆき子がジョオと肉体関係を結び、ゆき子が外国人相手の娼婦になった時点で、富岡との〈腐れ縁〉は決着がついているる」（③）と表現される。白の富岡の領土（未来の屋久島）と黒のゆき子の領土（過去の仏印ダラット）のどちらが優勢か。裏に東洋思想の易の運命占いが隠されている。

「マサシは③〜⑦の『浮雲』放浪記』で、『浮雲』本文の六七章を順繰りになめるように批評しているが、棋譜に描かれた白黒の模様、つまり勝負の局面を解読しているのだ。今ここの十字路に運命づけられた富岡とゆき子が過去・未来とどのようにつながっていくのか、と」

孫悟空の囲碁学の見方によれば、マサシの『浮雲』解読はなかなかのものだといい、お釈迦様も満足げだという。むろん、小説の作者・林芙美子も同じだ。理由はマサシが富岡とゆき子の意識に無限を、また天地と陰陽を同等に見ているかららしい。囲碁では、意識に相当する碁石は無制限に使え、白黒それぞれにハンディキャップがない。天地の境界にある空を舞台に、ふたりの主人公の運命を占うような印象批評するのでなく、独自の解体と再構築によるマサシの批評を高く評価したのだ。その批評は追って詳細に検討しよう。はたして神は運命に対してサイコロをふるだろうか。

4

わたしは文字通りの感想らしい感想を述べた。清水氏はしばしばこんな感慨をため息が聞こえるように漏らしている。

「わたしは原作『浮雲』を読みすすめながら、何度も富岡とゆき子の腐れ縁に嫌気がさした。この嫌気のうちには、彼ら両人が関係を続ける必然性が感じられなかったことがある」(③)

三人は素直にうなづいた。しかし、ふたりは二十代と三十代で、青春真っ只中だ。でも、清水氏の丁寧な読み直しを何度も読んでいると、いつの間にかふたりが男女関係に手練れた中年男女に思えてしまう。そんななか、だしぬけ、こんな短歌が頭をかすめた。

「森のやうに獣のやうにわれは生く群青の空耳研ぐばかり」

歌人・河野裕子(故人)の有名なデビュー作だったが、わたしはたまたまつけたテレビ・ドラマに流れたテロップでこの歌を知った。ドラマの原作は夫の歌人・永田和宏著『あの胸が岬のように遠かった　河野裕子との青春』(新潮社刊)で、その本でわたしは歌を確認した。八十路を歩き出して、すっかり枯れ木のようになっていたわたしは、自分にも恋愛をした青春時代があったのだ、と思わずつぶやいた。歌がゆき子と富岡のダラットの森での初めての逢瀬のシーンに流れて、「野生の小柄な白孔雀が、ぱたぱたと森の中を飛んで消えた」(『浮雲』本文)。その出来事は、わたしには仏印と日本の森の両方に起こったように思えた。愛の象徴だ。

「わたしは以来、肩の力を抜いて、ゆき子の小娘、富岡の若造と確認するようにして読んでいる。老僧方の青春はどうでしたか」

彼らがニヤニヤするだけだったので、話をつづけた。

「清水氏は白孔雀をゆき子の隠喩と見て、ゆき子が「富岡が接吻以上の行為に出る情熱が薄れた」瞬間、「富岡から離れ、飛び去った」と考える。わたしは氏がゆき子を小柄な白孔雀と見たことにホッとした。氏のゆき子に対する厳しい見方の底に、女の虚無や復讐などとともに、小娘の愛もかすかに残っている気がしたからだ」

「腐っても鯛、腐っても愛かな」

即禅師がまたくだらない駄洒落を飛ばした。

「たとえば、ゆき子とジョオとの関係だろう。マサシも作者もそこに愛のかすかな希望を見ようとしているね」

正空聖人がそう同意を示した。清水氏はその場面の出来事をこう解釈する。『浮雲』本文「二十」章、敗戦後、帰国したゆき子が池袋の仮住まいに、新宿で出会った若い外国人ジョオを招き入れたりして、ひとり孤独を紛らわしている。

「翌日ジョオは〈グリンのボストンバッグ〉をさげて再び小舎を訪れる。〈グリン〉(緑)はまさにゆき子の再生・復活にふさわしい聖性を帯びた色である。(中略)ゆき子は〈心をひっかきまわされるような男〉（富岡）ではなく、〈大陸的な豊穣な男〉（ジョオ）との新しい生活へと踏み出すべき時を迎えていたのである」⑥

ジョオは大きい枕をゆき子にプレゼントした。作者はゆき子の気持ちをこう述べている。わたしには小娘の愛の喜びのように思える。

「孤独で飢えているものにとって、その大きい枕は特別な意味を持って、ゆき子の生活を再起させようとしているかのようだ。ゆき子は少しも恥ずかしいとは思わなかった。枕を持って来た男の心持ちが立派だと思えた。――懐かしき君よ。今は凋み果てたれど、かつては瑠璃の色、いと鮮やかなりしこの花、在りし日の君と過せし、楽しき思い出に似て、私の心に告げるよ。――外国人はジョオと云う名前だと云った」（『浮雲』本文）

清水氏はこのジョオがはじめて小舎を訪れたとき、ゆき子と富岡の〈腐れ縁〉の隠喩である小舎にたちこめた煙を、天窓を明けて出す行為をもゆき子の「再生・復活」の象徴性と見ていた。しかし、氏はあくまでも冷静で、「ゆき子（と作者）は、この天窓を明けるという、再生・復活の象徴性を踏みにじって、富岡とのはてしのない腐れ縁へと水平移動して行くことになる」⑥という。わたしは話をつづけた。

「ゆき子は物語が進むにつれて、富岡への憎しみ、復讐を願うような怖い女性になっていく。愛という言葉はどこか影が薄いが、ブッダの教えに愛より愛を生じ、云々といった箴言があったよね」

こういう文句だと即禅師があとを引き継いだ。

「愛より愛は生じ、愛より憎しみは生ずる。憎しみより愛は生じ、憎しみより憎しみは生ずる」

正空聖人の説明によれば、愛と憎しみは背中合わせにあるので、仏教では愛は否定される。しかし、憎しみの愛、つまり渇愛の苦悩の中から、呻きとしての悲が生まれる。キリスト教ではどうか。詳しいことは、物語の最後の舞台・屋久島でのゆき子の死をめぐって、東西の宗教をまたいで論究するマサシの高説を拝聴しながら、みなで議論しようということになった。

5

ところで、清水氏の『浮雲』論は大変な分量で、氏が書いたものをどのように分けて一〇冊にしたか。まずそこから入ることにした。

①『私家版　林芙美子と屋久島』(②は普及版)は、前述した通り。だが、収録の『浮雲』と『罪と罰』について」は重要な批評で、「あとがき」で自らこう述べている。

「今まで林芙美子とドストエフスキーの関係について触れた論文や批評はないので、本書に収録した「『浮雲』と『罪と罰』について」は貴重な指摘があると自負している」

たとえば、氏は「貴重な指摘」として、「わたしが『浮雲』を読んでいてハッとしたのは〈緑色〉であった」といい、『罪と罰』のソーニャのショール、屋久島に渡る富岡に投げられたテープ、彼が島で出会う若い娘のジャケツなどの象徴的な意味を解読する。この指摘は他の巻でも重要な役割をもって、各巻さらにくわしく解読される。この批評は全巻を通底する通奏低音のようだ。

また、「林芙美子・断想」は⑨『林芙美子の文学『浮雲』の世界 No.2』文末に「『浮雲』論余話」と題されて、再録されている。大切な結論なのだろう。

氏の『浮雲』論には基本的に目次はない。⑩とその続編の⑦には目次が付けられている。⑩を別にして、批評はほぼテキストの『浮雲』のストーリーに沿って進められる。順番は以下の通りだ。

まず⑧『林芙美子の文学『浮雲』の世界 No.1』で、最初の頁にこんなタイトルとサブタイトルが付けられている。

「林芙美子とドストエフスキー」

「林芙美子の代表作『浮雲』とドストエフスキーの『悪霊』の関係に肉薄していく。」

氏は『浮雲』において「富岡は日本版ニコライ・スタヴローギン的な人物として描かれている。この何ものをも本気で信ずることのできない、生ぬるい虚無の直中に生きる富岡がドストエフスキーの作品や人物について思いをいたす場面を抜き出してみよう」と述べて、その場面を順繰りに抜き出していく。氏がそこで強調するのは「日本版」のニコライ・スタヴローギンを富岡兼吾として作り上げたのが林芙美子だということである。

テキスト全六七章の「一」章から「十四」章までを批評した⑧を受けて、⑨では「十五」章から「二十七」章までを読む。シリーズ中もっとも頁数の多い巻で、ストーリーは帰国したゆき子が富岡の家を訪ね、池袋のバラック旅館で一夜を過ごす。未来に希望を抱けない富岡と過去の蜜の味にしがみつきたいゆき子は、ただすれ違うばかり。ふたりは伊香保温泉に行き、富岡は心中を妄想するが果たせず、ゆき子は焦燥するばかり。しかし、清水氏はそのふたりの腐れ縁を見つめ、問題点をあぶりだす。その一つが〈虚無〉だが、それは『浮雲』論全体を覆うテーマなので、改めて言及したい。

全五冊の『『浮雲』放浪記』は、残りの章を順繰りに読む。最初に、このシリーズは「林芙美子の代表作『浮雲』の批評であるが、同時に林芙美子をめぐる気まぐれな断想である。大空を漂う浮雲のように、自在にあちこちをさまようことになろう」と記している。断想を書いた日付が文頭にあり、それが項目の役割をしている。

シリーズNo.1はテキストの「二十八」章から「三十四」章を読んでいるが、内容は「気まぐれな断想」で、最初だけは「映画『浮雲』と原作『浮雲』」と見出しが付いている。その比較を通じて、場面に象徴性を読み取る氏の達人ぶりが光る。氏は「『浮雲』におけるおせいの役割は重要である」といい、シンボリックな場面を解読する。

No.2は伊香保温泉のバーの女給・おせいをさらに深く語るためと、富岡が妄想する死と『悪霊』のキリーロフの関係を論じるために、「三十二」「三十三」「三十四」章を重複しながら「三十七」章までを読む。伊香保から帰京したゆき子は、富岡と別れ、ダラットでの三角関係の立役者・加野久次郎と会う。帰京から半年、妊娠、ゆき子はダラットで富岡と出会った「一つの運命」を思う。

「ラスコーリニコフは〈偶然〉を意識し、その〈偶然〉は〈悪魔〉と〈神〉の意志と深く関わっていたが、『浮雲』においては〈運命〉と〈めぐりあわせ〉に絶対神の意志が介入して来ることはない」

清水氏はいう。

№3は「三十八」章から「四十三」章を読む。妊娠したゆき子は高田馬場にあるバラックの二階に間借りし、困窮した生活を送っている。富岡の新しい住所を知り、思い切って尋ねてみると、そこにおせいがいた。醜い三角関係、堕胎、おせいの死、ゆき子の義弟・伊庭杉夫がはじめた教団・大日向教などにまつわる俗の出来事に対して、清水氏はそれらを丹念に描く小説家・林芙美子に敬意を払う。同時に、作者の「あまりにも安易で都合のいい設定」にきびしい批評の目を向ける。氏はこう考える。

「『浮雲』が原稿枚数をきびしく制限されていれば、完成度の高い作品に仕上がったことは間違いない。林芙美子は力の限りを尽くして、『浮雲』を書き続けた。「風雪」の編集者もまた作者の意向を尊重し、原稿枚数に制限を持たせなかった。その結果、作者は富岡とゆき子の関係を小説の必然性を逸脱してまで続行することになった。しかしこの〈続行〉は、いわゆる流行作家が読者のご機嫌をとりながら部数をのばす商業政策の一環として採られたのではない。富岡とゆき子の〈腐れ縁〉の果てまで行かなければ浮上してこない問題が潜んでいた。この〈問題〉があるからこそ、わたしもまた『浮雲』という小説の現場を舐めるようにして読み進んでいるのである」

6

「ごくろうさま。ようやく『浮雲』本文の三分の二まできたね」

即禅師と正空聖人が口をそろえて、わたしをねぎらってくれた。

さてさて、シリーズNo.４だが、清水氏は冒頭、こう書く。

「『浮雲』論は平成◎年三月一一日に中断、半年ぶりに書く。今年中に書き終えて、林芙美子生誕一一〇周年を記念して『浮雲』論を上梓するつもりでいたのだが、どうも思惑通りにいかないようだ。『浮雲』論は一気に書き上げるわけにはいかない。とにかく時間が必要で、じっくりあせらず接するほかはない」

まったく氏の批評の執念に頭が下がる。老僧たちもうなづく。

「この巻は「四十五」「四十六」「四十七」章の三章にしか過ぎないが、内容はわれわれの一番関心のある巻だね」

即禅師が言うように、ストーリーは単純だ。富岡とゆき子は殺されたおせいの部屋で一夜を過ごす。富岡と別れたゆき子は伊庭の教団を訪れ、伊庭のご高説を拝聴する。しかしながら、清水氏はだしぬけ、テキストの象徴的な出来事に啓発されてというのでなく、まるで氏の心の奥深くに潜んでいたマグマが噴出したように、こう述べる。

「ところで、この執拗な執筆衝動はどんな作品に対しても生じるわけではない。林芙美子の『浮雲』は特別なものとしてわたしの前にある。わたしはドストエフスキーの作品を五十年近く読み続け批評し続けているが、しかしドストエフスキーの作品に百パーセント満足しているわけではない。いくら読んでも批評しても何か満たされないものを感じる。ドストエフスキーほど人間の謎を小説を通して探求した作家はまれであるのである。ドストエフスキーの描く人物たちの多くは観念的な人間であり、そうであるが故にドストエフスキーの作品群、特に後期五作品（『罪と罰』『白痴』『悪霊』『未成年』『カラマーゾフの兄弟』）は十代のわたしの魂を鷲摑みにした。観念の世界に遊ぶ、観念の火に焼かれる、観念の奔流に溺れる、どのように例えてもいいのだが、しかし時間が経つにつれ、ドストエフスキーの問題にした神と、わたしにとっての神の違いがはっきりしてきた」

氏は他の巻でもしばしば取り上げた「ドストエフスキーの問題にした神」について言及し、続けて伊庭の語る大日向教の救済の論理にまじめに向き合う。

「マサシが親鸞の『歎異抄』を取り上げたのには驚いた。しかし、さすがマサシだね」

即禅師の言葉を引き取るように、正空聖人がこう続けた。

「マサシの空空空がここに出た。改めて拝聴しよう」

「今のわたしにはキリスト教も仏教も方便としか思えない。天国（極楽）も地獄も、現実においては確かに存在するが、死んでまでそんな世界があってたまるかという思いが強い。（三人大笑い）わたしの想像力は死後の世界に極楽や地獄を描くことはまったくない。わたしの想像する死後の世界は無である。現世の有も即無となる。無が即有となる。そして有無即空となる。有即無　無即有　有無即空　空即空　宿業とは必然であるから、人間の意志ではその必然の網の目を変えることはできない。が、永劫回帰説のニーチェが「ならばもう一度生きよう」と言ったように、必然と意志（自由）の一体化を体感し、その境地を生きることはできる。ここまでくると、必然は自由、自由は必然ということになる。親鸞の発する言葉はこの境地に近い」⑥

三人にはマサシの声がしっかり聞こえた。

「マサシはこうも言っている。おまえさんが囲碁の話の最後に「神はサイコロをふるか」とつぶやいていたが、マサシの答えは「ノー」だ」

即禅師の正確な指摘だった。氏はこう述べている。

「人間の意志で絶対運命を変更することはできない。尤も、人間の意志もまた絶対運命の中に取り込まれているのであるから運命と自由意志はまったく同一とも言える。わたしの意志が神の意志であり、運命は自由と同等となる」⑥

清水氏はさらに阿弥陀仏の本願についても言及し、氏の考えが平易に述べられている。もちろん、キリスト教についても氏の深い考察が並行して述べられている。その明晰な論の運び方によって、氏の言葉に素直に従える。

「『煩悩具足の衆生は、いずれにしても生死をはなるることかなわず、哀れみ給え、病悪の正因をぬぐい去り給え。大日向の慈悲を垂れ給え』伊庭が狂人の様相で口にする言葉に嘘偽りがあるわけではない。問題は、伊庭がそれを信じてもいず、宗教商売上の口上として発していることにある」⑥
「批評のまなざしは、作者が舞台の暗がりに追いやって、どんなに無視し、無関心を装うとも、その暗がりに佇む人物に執拗な光を与え続ける」⑥
それらを読んだ即禅師は、どこかうっとりした表情で言う。
「以前ジョバンニをめぐって話し合ったときに言ったことだが、マサシは慈悲深い観音様のようだ。慈悲については、いずれ話し合おう」

7

№5（完結編）は、サブタイトルの「ドストエフスキー文学との関連において」述べられると同時に、⑩『林芙美子『浮雲』における死と復活の秘儀――成瀬巳喜男の映画『浮雲』を視野に入れて――』の続編に位置づけられている。よって、⑩から入るが、巻頭に次のような氏の断りがある。
「『浮雲』の舞台といえばダラット、伊香保とすぐに思い浮かぶが、わたしが最も注目するのは、当時、日本領最南端であった屋久島である。鹿児島港から屋久島に至る富岡兼吾における〈死と復活〉の秘儀をドストエフスキー文学、特に『罪と罰』『悪霊』に関連付けて検証する」⑩

目次があり、内容がよくわかる見出しなので、それらから概要が手に取るように把握できる。全部を並べてみる。

■原作『浮雲』におけるリアリティの欠如
■富岡兼吾に執着するゆき子
■精神世界を封印された富岡兼吾
■成瀬巳喜男の映画『浮雲』のきれいごとの世界
■原作『浮雲』と映画『浮雲』は全く別物
■命がけで書きあげた小説『浮雲』
■ゆき子にとって富岡兼吾とはいったい何だったのか──〈告白〉を封じられた富岡兼吾──
■屋久島の聖性──富岡兼吾の〈死と復活〉の秘儀──
■〈緑色のテープ〉の象徴的意味──ロジオンの〈復活〉と富岡兼吾の〈新生〉をめぐって
──
■〈平べったい島〉種子島と富岡兼吾
■種子島から屋久島へ──富岡兼吾の〈死と復活の秘儀〉に立ち会わなかったゆき子──
■生温かい男・富岡兼吾に〈自殺〉も〈復活〉も与えなかった林芙美子──〈腐れ縁〉の一つの決着としてのゆき子の病死──

■「人間はなんにでも慣れるものだ」
■「だが、何にしても、侘しい」――〈一人〉と〈一人〉――
■〈一種の刑罰〉を受けている二人
■富岡とゆき子の〈疚しさ〉――〈良心の呵責〉に襲われない二人――
■一人で死んでいくほかない――「行きも帰りもならない」どん詰まりの実存――
■ロジオンとソーニャを復活させた〈愛〉(любовь)
■〈ラザロの復活〉朗読場面
■復活の曙光に輝く前の叙述場面
■分裂者ロジオン
■ロジオンに寄り添う〈キリスト〉
■一つの幻
■マルメラードフの神――ロジオンを裁き、赦す神――
■どの地をも神は支配している
■富岡の水平へと向けられた眼差し
■同行者ゆき子
■したたかな〈女〉たち
■不吉な予感――「あなたのそばで死ねば、本望だわ」――

■痩せ馬殺しの夢

■自己犠牲を厭わなかったラスコーリニコフ――革命と信仰の狭間で――

■理想世界の非現実――必然と自由意志の合致感覚の襲来――

■〈嵐〉（буря）の立会人スヴィドリガイロフ

■ダイナミックスなテキストの再構築――〈ラザロの復活〉の場面に新たな照明を与える――

■信仰と革命と、キョム

■『浮雲』の終幕場面をめぐって

■描かれざる物語

■新しき出発〈過去の清算〉

■脇役の女たちの魅力

■女の眼差し

■「どこにも女はいるのだ」

■富岡が向かう小杉谷――表層的な水平的磁場に垂直軸が貫通する――

■屋久島に取材した林芙美子

■〈生温き人〉富岡とゆき子における〈戦争〉

■病床のゆき子を残して山に向かう富岡――神話的、神学的な次元でのシンボリックな光景――

■神の島・屋久島（三・六・九・五）――山へ向かう富岡と残された女――
■ゆき子の最後
■林芙美子はゆき子の〈死〉をどのように描いたか
■富岡の逃げたい心
■屋久島とアンコールトムの遺跡群
■おせい似の女
■ゆき子が危篤――命がけの下山（富岡の断罪感覚）――
■ゆき子の死に直面した富岡
■都和井のぶ
■今宵命奪われなかった〈愚かなるもの〉富岡の断罪
■一種のゲッセマネ
■ゲッセマネの祈り
■一人きりの通夜
■エピローグ

9

この二巻の目次を読めば、ほぼ内容がわかろうというものだ。つまり、清水氏が『浮雲』論で何を言いたかったのかが理解できる。

ストーリーを追う作業は、⑦『『浮雲』放浪記　No.5』が続けており、冒頭「漸く〈六十一〉章まで来た」といい、最後の〈六十七〉章まで「量的には少ないが、ここからが険しい途方もない遠さと深さを感じる」と述べている。病身のゆき子は富岡の新しい職場の屋久島に渡航し、あえなく死ぬ。残された富岡の日常を描いて、物語は終わる。

「⑩を読めば、短い物語の重要性が分かる。⑦はさらに深く深く人間の生死の問題が考え抜かれている」

正空聖人がため息をついて言う。

「せっかく『浮雲』論全体を俯瞰したのだから、われわれはまず全体を見通して、マサシがどのような問題を執拗に追いかけたのかを考えよう」

即禅師の提案に従って、とりあえず頻出する〈虚無〉について考えてみることにする。

「改めて考えてみると、なかなかつかみどころのない言葉だね。心が空っぽとか空洞という意味で使われるが、中国の老子が説いた虚無学では、形状を認識できない天地万物を虚無というらしいが、マサシのいう有無即空のほうがわかりやすい。禅宗ではまぎらわしい虚をはずして、無を悟りの門にしたという」

正空聖人はそう語りはじめ、清水氏の次の文章を提示した。

「ハッピーエンドで幕を下ろした『罪と罰』はまるで少女マンガのようにも見える。ロジオンには〈思弁〉（диалектика）の代わりに〈生活〉（жизнь）が到来したと作家は書いたが、わたしは依然として〈思弁〉を愛している。この〈思弁〉を支えているのは虚無である。この〈虚無〉はソーニャの狂信を必要としない、ロジオンの非凡人の思想を必要としない、ルージンの実務家的敏腕を必要としない、ましてや、悪魔に魂を売っておきながら神の前にひざまづくプリヘーリヤの信仰も必要としない。この虚無は自殺に至るスヴィドリガイロフの戯れ心を必要としない、ポルフィーリイの鋭利な饒舌とおどけも必要としない。（中略）わたしの虚無は林芙美子が描いた浮雲とともにある。だからこそ、わたしは今『浮雲』について執拗に書き続けている」①
「これはマサシが『浮雲』論を書き出したころの文章だ。〈思弁〉と〈生活〉はマサシの『罪と罰』論のキーワードだからこそ、この発言には正直驚いた。しかも、虚無が支えている対象が〈生活〉ではなく、〈思弁〉というところにマサシらしさがあり、空空空の深遠な世界が見える」
　わたしは聖人の発言を裏付ける文章として、『『浮雲』放浪記　No.5』の「■信仰と革命と、キョム」を示して、こう語った。
「なぜカタカナの「キョム」なのか。清水氏はここで『悪霊』を取り上げ、ピョートル・ステパノヴィッチ・ヴェルホヴェンスキーが「ニコライ・スタヴローギン如きの虚無者をおちょくることではなく、神そのものを挑発し、おちょくる」、その怖い「キョム」の実相を見せる。しかし、氏の〈思弁〉を支える「虚無」は『浮雲』にあることを、氏はカタカナを用いて重ねて説明したのだと思う」

みな納得したようなので、即禅師が氏の以下の文章を示して、〈虚無〉を富岡とゆき子の〈腐れ縁〉の世界にもどした。

「ロジオンは神に反逆しつつ神を求める者であり、ソーニャは神を信仰しながら肉を売る身に甘んじている。彼ら二人に共通しているのは、その中心に神が置かれていることである。富岡とゆき子の場合は、神が置かれる中心がそもそも彼らの内に存在しない。（中略）中心にあるとすれば底なしの虚無であり、この虚無世界に戯れるだけの強靱な精神力がなければ、足場のない虚空におぼれているよりほかはない。彼ら二人の抱えた虚無は肉の繋がりによって生ずる生々しい湿気に覆われて、透明度の高い精神性を獲得することができない」③

「つまり、マサシはふたりの〈腐れ縁〉の世界を共に歩きながら、途中から作者も加わって、二人の運命を見届けようという訳だ」

なかなか〈虚無〉は手ごわい。正空聖人はマサシが〈虚無〉に執着できる理由に、氏の次の文章をあげる。

「読者は富岡の〈虚無〉と〈絶望〉を素朴な一枚の絵のように提示される。（中略）言い換えれば、富岡の〈虚無〉や〈絶望〉は奥行きのない内面として表現されており、その奥行きを探ろうとすれば、厚さのない面の断面図を見なければならない」⑨

「おまえさんは虚無の断面図が見えたかね」

即禅師がわたしをからかう。清水氏はこう結論づける。

「つまり、奥行きのない富岡の〈虚無〉と〈絶望〉に、敢えて奥行きを与えてそこに踏み込むという〈虚構〉（創作）を作り上げることを拒まないということである」⑨

清水氏の〈思弁〉を支える〈虚無〉は、われわれもせめて視点を変えて考え続けなければなるまい。

10

視点を変えて読むことについて、清水氏はこう述べている。

「もし、わたしの『浮雲』論の読者がいるとすれば、彼は度重なる同様の指摘にうんざりしているかもしれない。筆者のわたし自身が、何度もそういった思いにかられている。にもかかわらず、わたしは『浮雲』論を完結させることができないでいる。何度、同じ叙述場面を批評の対象にしても、少し角度を変えるだけで異なった光景が出現してくる。（中略）要するに、やればやるほど、きりがないという思いにかられてくる」⑩

「空空空の〈思弁〉の人マサシは、たとえば〈虚無〉の〈虚構〉に時間を惜しまないように、〈生活〉の「叙述場面を批評の対象にしても」、〈思弁〉の想像力が尽きない。まるでマサシ自身が〈思弁〉でできているようだ」

正空聖人はこう話を切り出し、わたしに矛先を変えてきた。

「おまえさんはマサシの〈腐れ縁〉という富岡とゆき子の関係について、というかマサシのこの表現に意見があるのではないのかな」

　聖人はまるでわたしの心の内を見ているように言う。

「まいったな。作者はたとえば「古いきずな」といって、悪縁も縁の内といったニュアンスをもたせている」

　作者は、富岡が心機一転、ゆき子につきまとわれながらも、東京から屋久島へ向かおうとしたときの富岡の気持ちをこう描いている。

「富岡は、この無精神状態のなかに、ゆき子と古いきずなを続けるのはたまらない気持ちだった。そのくせ、その古いきずなは、切れようとして切れもしないで、富岡の生活の中にかびのように養い込んでしまっていた」（『浮雲』）

「清水氏がいうように、ふたりの〈腐れ縁〉が完全に切れて、いつ物語が終わってもいいでしょう。しかし、たとえば数十年後、初老を迎えたふたりが別れられないままの〈生活〉を送っている。そこに娘となって生まれ変わった林芙美子が、母親のゆき子にこんな説教をしている。その対話を『放浪記』から再現してみましょう」

　わたしは『新版　放浪記』（新潮文庫　一九九三年九月一五日　三〇刷）をゆっくり読み上げる。

「どうして、いつまでも、こんな暮しなのかと思う。母はエンピツをなめながら帳面をつけているかっこうは大真面目なもの。粘土に足をとられて、身動きもならぬ暮しだ。――別れなさいよ。

うん、別れようかのう。別れなさいよ。そして、二人で東京へ行って、二人で働けば、毎日飯が食べられる。飯を食う事も大切じゃが、義父さんを捨ててゆくわけにもゆくまい。別れなさいよ。もう、いい年をして、男なぞはいらないでしょう……。お前は小説を書いておって〈むご〉かこつ云う女子じゃのう……。私は、黙ってしまう」（〈　〉は筆者）

この「〈むご〉かこつ云う女子」が清水氏ではないか、というのがわたしの感想だ。

「つまりおまえさんは、〈腐れ縁〉には第三者にはうかがい知れない鎖のようなものがある、と言いたいんだ。マサシが〈思弁〉化してしまう〈生活〉の実相に君なりの意見があるんだ。わしもその点で気になるところがある。マサシが読み飛ばしたような気がするテキストは「四十七」章から「六十」章までの間で、正確にいえば、「ゆき子と富岡の関係は肉欲の次元で成立している」ことを説明するために、「五十一」「五十四」「五十五」の各章から性愛場面と痴話喧嘩は拾い出しているがね」

「読み飛ばしたは言い過ぎだが、いくつかの章ではなぜか富岡とゆき子それぞれの〈生活〉が丹念に描かれている気がする。また、「五十」章の最後の文章で、〈生活〉の生々しい性愛場面を描いて、少し他と印象が違う。ちょっと恥ずかしいけど、『浮雲』の場面を読みましょう」

「ゆき子の柔い首を抱き、富岡は烈しく接吻をした。新しい女に触れるような、新鮮な香りがして、富岡は気忙わしく、ゆき子の大きい腰を抱いた。ゆき子は診察を受ける患者のように、富岡にされるままになっていた。やがて二人にだけ共通した秘密な思い出が、案外なところで、共通の経過をたどって、万事は最上の心の痛みを分けあった」（『浮雲』）

わたしは朗読後、こう話を続けた。

「〈思弁〉には、氏が拾い上げた文章にあるように、「肉体の一点」「女の最後のあがき」「快楽」「男の体臭」などの性愛の記号が必要です。しかし、この文章には、性愛の叙述が主で、文末の意味はダラットの三角関係で傷つけた、加野久次郎の思い出にまつわることのような気がするが、こういう性愛はわかりにくい」

「ちょっと待った。マサシは⑧の解読で、文末についてこう述べているぞ」

即禅師が割って入った。清水氏は、ダラットの森で〈野生の白孔雀〉が森に飛び去った象徴的な場面を引き合いに出して、実はゆき子も富岡も互いを愛していなかった孤独を、作者がさらっと伝えた、と考えていた。

「いずれにしてもだ、おまえさんはマサシがテキストの引用を大切にしているように、〈生活〉の叙述場面を素直に読んで、〈思弁〉化するな、と言いたい訳だ」

わたしは正空聖人の言い方にも少々たじろいだが、さらに話を続けた。

「実はそこが難しいところで、富岡とゆき子の記号のない性愛場面は、ここぐらいしか見当たらない。「きずな」の他には、「交渉」という言葉がある」

わたしは『浮雲』から二例を紹介する。

「富岡との交渉はこれで、一応はピリオドを打ってしまったと云ってもいい」

これは「三十六」章にあり、ゆき子が病気の加野を見舞ったあとのことで、その前で、ひとりぼっちの彼女は「その後、富岡からは何のたよりもなかった。伊香保へ行った事も、いまでは遠い過去のような気がして来た」と独語している。

「富岡は、ゆき子との、こうした長い交渉を宿命のようにも思うのだった」

これは「五十三」章で、大日向教団の金を盗んできたゆき子に富岡が長岡温泉に呼び出されて、酔っぱらっているところだ。

「わたしは清水氏が「きずな」や「交渉」という分かりにくい記号に換えて、分かりやすい「肉欲」という記号を用いたと思う。それは氏の批評の〈再構築〉にとって便利だからでしょう。それはまた氏の用いる〈生活〉をどのように考えるか。同時に、それは『浮雲』の作者・林芙美子が〈生活〉をどう考えていたか、という問題にもつながる」

老僧たちが真剣に耳を傾けているので、わたしは襟を正して話し続けた。

11

わたしは先に述べたように、富岡とゆき子のふたりをあえて若いカップルに見ようとしている。恋愛の定義はあいまいだが、〈腐れ縁〉の前提として、ふたりを世間によくある恋愛関係と見ている。ところが、ゆき子がダラットで二二歳と自己申告しているが、富岡の年齢は正確にはよくわからない。わたしはダラットで三〇代前半と推定している。作者は作品を書く意図、その前提をこう述べている。

「いわゆる、誰の目にも見逃されている、空間を流れている、人間の運命を書きたかったのだ。筋のない世界、説明の出来ない、小説の外側の小説。誰の影響もうけていない、私の考えた一つのモラル。そうしたものを意図していた。だから、この二人の主人公の生れた時の履歴は、必要ではないのである。家系や故郷なぞは、わざとここでは捨ててしまった。私にとっての重要さは、主人公の二人が逢ってからの問題である。神は近くにありながら、その神を手さぐりでいる、私自身の生きのもどかしさを、この作品に描きたかったのだ」（六興出版社版『浮雲』、筆者が現代仮名遣いで表記）

わたしは「なるほど」と思ったが、清水氏が作者の意図をきちんと読んで、二人の関係を男と女のモラルから外れた〈腐れ縁〉と表記したことにも驚いた。しかも、物語もまたそのように進んで行き、富岡とゆき子は他の登場人物にくらべて、どこか〈生活〉臭の薄いアンドロイドみたいな人物に見える。それで前述したように、ふたりの性愛場面を述べた訳だが、今度はおせいと富岡の場面を見てみよう。伊香保温泉の混浴風呂で、ふたりが入浴している場面だ。（『浮雲』「三十」章）

「おせいは誰かと、湯煙のなかで話しあっていたが、これもすぐ浴槽へ入って、ゆるい速度で富岡のそばへ寄って来た。肩肉の厚い、白い肌が、赤土色の湯から浮きあがっている。そばへ来て、おせいはにっと笑った。富岡は湯の中で足をのばして、おせいの脚肉にふれた。おせいは沈んだ手拭を探すようなかっこうで、手で、富岡の膝にさわっていた。湯が赤いので、首からでは、二人のたわむれは誰にも見えなかった」

富岡は大柄なおせいの肉体が好きなようで、他にも似たような場面があるが、男性が「肉体の一点に強く残っている」（「五十一」章）というような記号表現を好むか、前述のような身近な〈生活〉の叙述を好むかは、各自の嗜好の違いだろう。しかしながら、作者はあえてその違いを場面に持ち込んで、富岡とゆき子の関係を「きずな」とか「交渉」といった〈思弁〉の対象にしている。ふたりは「小説の外側の小説」のために、作者の「考えた一つのモラル」を背負わされた、いわばアンモラルなアンドロイドなのだ。わたしには『浮雲』がそんな風に読める。

「マサシはそれに気がついたのだ」

正空聖人が言う。

「林芙美子はマサシの批評を待っていた。わしはそう言いたいね」

即禅師が言う。わたしは話を続けた。

いずれにしても、作者はアンドロイドでないおせいを殺して、彼女に換えて、物語の最後の舞台・屋久島におせいに似た娘を登場させる。もちろん、その娘もアンドロイドではない。清水氏は論文のはじめからおせいの重要性を指摘していたが、それは富岡とゆき子の関係にリアリティーを感じなくなったため、富岡が執心のおせいと彼をいっしょにさせて、物語を終わらせたい、ということだった。だが、彼はこの〈おせい似の女〉を〈思弁〉の対象として見つけ、おせいの存在の重要性を明らかにした。この重要ないきさつは、後述して、みなで話し合おう。

清水氏が軽く読んだように見える先述したいくつかの章には、性愛場面の他に少し気になることがあった。それは富岡とゆき子のひとりひとりの〈生活〉がめずらしく描かれていることだ。ふたりの〈生活〉はきっとダラットでもあっただろうが、出来事ばかりが報告されていて、なぜか作者は若いふたりの愛の〈生活〉を伝えてくれない。日本に戻ったふたりについても、〈腐れ縁〉の上での出来事しか語られていない気がする。ひとりになっても内面の独白ばかりで、〈生活〉がうかがえない。ところが、これらの章には各人ひとりの〈生活〉の様子がうかがえる。

「四十七」章では、富岡は「おせいとの思い出の部屋」で、農業雑誌へ送る「漆の話」の原稿を書きながら、ひとりで仏印の思い出に浸っている。夕方、駅のそばの小さな飲み屋で、強い焼酎を飲む。中年の店主が外泊した十五、六の、器量のいい娘に小言を言っている。三杯の焼酎で酔った富岡は、三軒茶屋まで歩いて映画館に入る。八時近く、バラックの飲み屋で、厚化粧した中年の女を相手に、「おばさん、いくつだい?」、チュウを一杯、二杯、「おい、おばさん、握手しよう」、三杯目で「すっかり脚をとられた富岡は、台の上にうっぷしてしまった」。

「四十八」章では、「ゆき子は、秋になるまで、ずっと大日向教の会計事務をとって暮した」。ある雨の夜、教会から戻ったゆき子は、信者のおばさんのおしげさんを相手に、取り寄せた農業雑誌に載っている「漆の話」を見せながら、「ねえ、おばさん……。この名前はね、私の昔の恋人なのよ」などと話しかける。おしげさんは聞き上手で、ゆき子の内地へ戻ってからの苦労話を聞いてくれる。すっかり普通の娘らしい甘えた話しぶり（これはわたしの印象）。ゆき子が伊庭も教主も「私、随分悪くなったけど、私より悪い人なのよ」と言うと、おしげさんはこう返事する。

「はい、それは私もよく判っております。それでも、私は、どうしても大日向さまを信じなければ、生きてはいられないのでございます。私は、教主さまや、伊庭さまをお信じ申しているのではございません。（中略）私は、眼にみえない大日向さまをお信じしているきりなンでございます」

ゆき子はその言葉に、「心を焼かれ」、「偉ぶっていた気持ちを、打ちのめされた」、そんな気がする。また、作者は「ゆき子はくすくす笑い出した。初めて晴々と笑える気がした」と章を閉じるが、ゆき子を笑わせたおしげさんの言葉はこうだ。

「男というものは、迷信深くはありませんから、なかなかやりにくい生きものでございます。ようく女が話してみたら、判るのではありませんかね。話をすると云いますのはね、何もお喋りをするのではなくて、男のそばにそっと坐って、かばってやればよいのですよ……」

「ちょっと待った」と即禅師。

「マサシは全文引用をモットーにしているが、おまえさんの引用は何か魂胆を隠しているのではないか」

「ご名答。実はあえて引用していない箇所がある」

わたしの引用では、ふたりが作者からしばし解放されて、よくある普通の中年男性と若い娘といった〈生活〉者に見える。しかし、ふたりは作者から与えられた任務を決して忘れていない。富岡は最初に入った飲み屋の小娘をしっかり観察している。

「化粧をしない、浅黒い顔の娘であったが、眼がぱっちりしていて、仲々の器量のいい顔立ちである。剃らない眉は黒く太く、まるで一文字を引いたようだ。台の上にコップを置いて、娘は富岡を見てにっと笑った。涼やかな眼もとであった」

富岡は後日、酔って娘にキスしたことがある。女にだらしのない男という任務を忘れていない。

「富岡の文章は素人臭くはあったが、判りやすい文体であった。二人だけで知っている安南の事がちらちらとゆき子の心を熱く燃えたたせた。「漆の話」を読んでいるうちに、いまにも走って逢いに行きたかったが、おせいの亡霊に意地を張っている自分としては、自分の方から、いまごろになって尋ねて行く気はしなかった。だが、この日頃の心の飢えかたは、どうしても富岡に逢わなければ、どうにも救って貰えない気がしている」

ゆき子もまたストーカーの任務を忘れていない。

「つまり、おまえさんは何を言いたいんだね」

即禅師の疑問はもっともなことだ。

わたしがこれらの章で感じたのは、林芙美子がこうした普通の〈生活〉にノーを突きつけている訳ではなく、富岡が酔わずにいられないように、ゆき子が愛の飢えを感じずにはいられないように、わたしたちの〈生活〉には何かが足りない、と考えているということだ。どこかアンドロイドに似たふたりを通じて、その答えを探っている。とくに清水氏の批評意欲を掻き立てたのは、林芙美子が富岡を日本版スタヴローギンになぞらえたことだろう。それにしても、『浮雲』の物語には理解しがたい出来事が、あるいは運命が多い。清水氏は『浮雲』論で、そうした疑問をいくつも取り上げているが、たとえば、⑩『林芙美子『浮雲』における死と復活の秘儀』では、こう述べている。

「『浮雲』を読んでいて最も気になるのは、ゆき子にとっての富岡兼吾とはいったい何だったのかということである。このことが頭から離れない。ゆき子は書かれた限りでみても、伊庭杉夫、富岡兼吾、ジョオと肉体関係を結んでいる。富岡兼吾と別れてジョオとまったく新しい人生を踏み出すことも不可能というわけではなかったし、伊庭杉夫の妾として経済的には何不自由のない生活を続けることもできたのに、なぜ敢えて富岡兼吾の後を追い続けなければならないのか。『浮雲』論を執筆し続ける過程で何度も繰り返し問い続けた問題である」

しかし、林芙美子は清水氏がゆき子に実行可能とみる「まったく新しい人生」を選ばなかった。この場合、「人生」と〈生活〉は同じ圏内にある言葉だろう。その意味で、清水氏が〈思弁〉に支えられた〈生活〉を重視するとすれば、林芙美子はこの〈思弁〉に置き換えられる何かを求めているのではないか。

「まず林芙美子と清水氏の〈生活〉観を見てみませんか」

わたしは老僧方に提案する。了解を得たので、その作業を進めたい。

12

林芙美子は〈生活〉リアリズムに支えられた小説を書くのが大変に上手である。今紹介した頁を読んだだけでもすぐわかろう。近代文学の作家たちが小説に描いてきた〈生活〉は、ごく一般論的に言えば、日本古来から続く伝統、慣習、掟など、林芙美子がひとまとめにしていう「モラル」にとらわれている。とりわけ〈腐れ縁〉にからめとられた男女の〈生活〉は、先に引用した『放浪記』の母と義父の関係を見れば一目瞭然だろう。富岡とゆき子の関係が「富岡の生活の中にかびのように養い込んでしまっていた」という描写を先述したが、この「かび」は作家・徳田秋声の小説『黴』由来のものだろう。徳田は自然主義文学の先駆者であり、〈生活〉リアリズムを巧みに描く作家であった。林芙美子はそうした旧来の小説を書くことに疑念を抱き、徳田文学を超えたかったただろう。

彼女はドストエフスキー文学に見られる〈思弁〉に支えられた〈生活〉、それは清水氏の『浮雲』論で詳述されているので、それを参考にしながら考えなければならないが、ともかく彼女はそうした〈生活〉を描くことを目指したに違いない。日本の旧来の小説から考えれば、彼女の書きたかった「私の考えるモラル」とは、少なくとも人間ひとりひとりが自立した〈生活〉を支えることのできる「モラル」ではないか。思想といわないところに林芙美子の独創がある。人間ふたりの〈生活〉を夢に見たゆき子を、新しい「モラル」のために死なせざる得なかったことは、林芙美子にとって断腸の思いだったろう。いずれにしても、その構想は彼女のドストエフスキー理解にかかっている。

その林芙美子の構想を実現する小説作法は、どれほど念入りに計画され、また複雑であったか。「それを明かしたのがマサシの『浮雲』論であーる」

即禅師が厳かに宣言する。林芙美子は富岡とゆき子のふたりに彼女のミッションを託し、巧妙にドストエフスキーを物語の裏に隠した。清水氏の『浮雲』論のすごいところは、それを丹念に、論理的に、しかも平易に解き明かしたことだ。

さて、話を元に戻せば、清水氏は〈生活〉をどのように考えていたか。

清水氏は『浮雲』論で最初に出版した①『私家版　林芙美子と屋久島』の「『浮雲』と『罪と罰』について」で、冒頭からこう述べる。

「『浮雲』を読んでいると、『罪と罰』と重なる場面があることに気づく。わたしが『浮雲』を読んでいてハッとしたのは〈緑色〉であった。『罪と罰』において〈緑色〉と言えば、すぐに思い起こすのが、ソーニャが被っていた〈緑色のショール〉である」

この指摘については、氏のシンボル解読の卓越した技術をめぐって、あとでゆっくり話し合う予定だ。とにかく氏は『罪と罰』の主人公ロジオン（氏はラスコーリニコフでなくこの名前で表記）が〈復活〉するまでのいきさつを述べて、流刑地シベリアに「とつぜん現れたソーニャが〈緑色の布〉を被っていた」ことに注日し、その意味を解説する。そのために氏は、小説の牧歌的な場面を引用し、詳細な解読をする。ここでは、〈復活〉を前にラスコーリニコフが見た新しい〈生活〉の場面を、氏が愛読してきた河出書房版世界文学全集の米川正夫訳から引用しよう。

「遠い向こう岸のほうから、かすかな歌声がつたわってきた。そこには日光のみなぎった目もとどかぬ草原の上に、遊牧民のテントが、ようやくそれと見わけられるほどの点をなして、ぽつぽつと黒く見えていた。そこには自由があった。そして、ここの人々とは似ても似つかぬ、まるで違った人間が生活しているのだ」

わたしは久しぶりにこの場面を読んで、初めて読んだ浪人時代を思い出した。当時、頭でっかちの夢想からいつか普通の人びとの生活に帰れるだろうか、と考えていたことも思い出した。わたしにとって〈生活〉の意味は当時のままだったから、清水氏のまるで異なった視点からの解釈には大変に驚いた。氏は先の〈虚無〉の話し合いのところで紹介したように、ロジオンに到来した新しい〈生活〉より〈思弁〉を愛し、『浮雲』の〈虚無〉に支えられた〈思弁〉とともにありたいと言う。だから、ここに叙述された〈生活〉よりも、その後の場面に注意を払う。

「どうしてそんなことができたか、彼は自身ながらわからなかったけれど、ふいに何ものかが彼をひっつかんで、彼女の足もとへ投げつけたようなぐあいだった。彼は泣いて、彼女のひざを抱きしめた」

氏は以下のように解説する。

「いきなりひっつかんでソーニャの足下へ投げつけたものによって、ロジオンは復活の曙光に輝いたということ、そうだとすればロジオンの〈復活〉は自力ではなく或る絶対的な何ものかの働きによったということになる。この或る絶対的なものの働きがなければ、ロジオンはいつまでたっても〈思弁〉の領域から超脱することはできなかったことになる。〈思弁〉にとどまれば、ロジオンは二人の女を殺したことに〈罪〉（грех）の意識を感じることはできない。ロジオンに苦しみがあるとすれば、まさに激しい罪の意識に襲われないこと、そのこと自体にあった。ロジオンに到来した〈生活〉（жизнь）とは、キリストの言う〈命〉（жизнь）、彼を生きて信ずれば死ぬことのない命であり、たとえ死んでも生きるという命であるから、まさにロジオンはソーニャと同じ信仰を獲得したことになる」

わたしは清水氏の〈生活〉にたどりつく為に費やした、わが下手糞な長広舌に汗をぬぐう。老僧方がヤレヤレといった顔で笑う。

「マサシの〈生活〉を一言で表現するのはむずかしいな。〈命〉では誤解を招く」

正空聖人が頭を抱えて言う。さらに、まじめな顔をして話し続ける。

「生活・命・人生・復活をひとまとめにしたら、ビッグバンのような爆発が起こって、宇宙が曙光に輝いた。そんな感じだが、とにかくマサシの〈生活〉は〈復活〉とともにある。どこか禅のさとりにも似ているな」

「さとりの後の生活、人生が大切だ」

即禅師が口をはさむ。清水氏もまた、⑦『『浮雲』放浪記　№.5』で「■「思弁の代わりに命が到来した」後の生活」という項目を立てて、こう述べている。

「〈思弁〉の代わりに〈命〉が到来したというロジオンの今後の〈新しい生活〉は、〈高い値〉、〈大きないさおし〉を支払わなければならないと作者（ドストエフスキー／筆者注）は明確に記している。が、作者はそれはすでに〈新しい物語〉であり、〈われわれの物語〉は、これで終わったとしてペンを置いている。ドストエフスキーが描かなかった〈復活の曙光〉に輝いた後のロジオンとソーニャの実生活を描き続ければ、そこには富岡とゆき子に見られたような泥沼の展開が見られないとは限らないであろう」

　生活は生活といった展開に、みな浮かぬ顔をしていたが、即禅師がこう話をまとめて、次のテーマに進もうということになった。

「生活の違いは人の数だけあるとすれば、とりあえず〈新しい生活〉を切り開いた〈復活〉、『浮雲』に即していえば〈新生〉をテーマに話してはどうか」

「賛成だが、マサシの〈復活〉論は、『浮雲』論の主要なテーマで、頁もたくさん取って、非常に重要なことはわかるが……。なにしろわしは仏教者なもんで、どうもキリスト教はむずかしくてかなわん。前にも云ったかもしれんが、できればあとで屋久島の場面で話し合いたい」

　即禅師の突然の希望を入れ、物語の進行に沿って、なるべく〈復活〉と〈新生〉をからめて話をすることにした。

13

正空聖人が話の冒頭で、思いがけないことを言った。

「〈復活〉も〈新生〉も『浮雲』に出てくる言葉ではないよね」

「そう言えばそうだが、〈新生〉も出ていなかったかな」

即禅師が疑問に思った通り、〈新生〉は⑩『林芙美子『浮雲』における復活の秘儀』の「■〈緑色のテープ〉の象徴的意味——ロジオンの〈復活〉と富岡兼吾の〈新生〉をめぐって——」の項目にあり、清水氏が〈新生〉あるいは〈再生〉という適切な言葉をこしらえて、項目のテーマを力を込めて説明している。

「『浮雲』論には『浮雲』からの大量の引用とマサシのその再構築された文章が大量にあって、作者の言葉なのか、マサシの言葉なのか時々判らなくなってしまう」

即禅師がぼやく。実際その通りで、わたしは改めて『浮雲』を読み直してみたが、それらの言葉あるいはそうしたニュアンスをにおわせる言葉は、屋久島渡航の場面まで見当たらなかった。清水氏がくどいまでに指摘するように、とりわけ富岡兼吾はロジオンの〈復活〉とくらべられて、物語がどこまで進んでも〈虚無〉の塊にしか思えない。作者は富岡を何処へ連れて行こうとしているのか。

「やはりマサシがテキストをなめるように読んでいったように、われわれも富岡とゆき子の〈腐れ縁〉を最初から追いかけて行こうか」

正空聖人がわたしの困った様子を見て、そう提案した。〈腐れ縁〉もなかなか厄介だが、清水氏は『浮雲』論の途中で、こう述べている。

「作者によって作られた執拗な〈腐れ縁〉をその果てまで舐めるように追っていくこと、それが今のわたしの批評行為である。一人屋久島で死んで行くゆき子を見定め、『浮雲』を書き終えた林芙美子を追うこと、それがわたしの『浮雲』論である」⑤

氏はさらに後で、その理由をこう言う。

「富岡とゆき子の〈腐れ縁〉の果てまで行かなければ浮上してこない問題が潜んでいた。この〈問題〉があるからこそ、わたしもまた『浮雲』という小説を舐めるようにして読み進んでいるのである」⑤

「それが『浮雲』論を一〇年かけて書き上げたマサシ最大のテーマ「富岡兼吾の〈死と復活〉の秘儀」なのだ」

即禅師が言う。

「マサシのこの問題の解き方は、彼の膨大なキリスト教の知識を土台にしているので、象徴的意味の読解法も勉強せねばなるまい」

正空聖人が用心深く提案する。実際、清水氏もまたこの〈秘儀〉を用心深く解読している。たとえば、⑩の「■〈緑色のテープ〉の象徴的意味——ロジオンの〈復活〉と富岡兼吾の〈新生〉をめぐって——」の項目で、氏は「鹿児島港での富岡兼吾と比嘉医師との別れの場面」をテキストから引用し、こう述べる。

「林芙美子は「陽射しを受けた白い海上へ、富岡は、手に残っている緑のテープを風に散らした」と書いた。風に散らされた〈緑のテープ〉が〈陽射しを受けた白い海上〉と解け合う光景が鮮やかに見える。この光景をまごうことなき〈新生〉の場面と見るか、それとも単なる富岡の〈爽快な気持ち〉の反映と見るかである」

さらに氏はさまざまな解読のありようを展開し、こう言う。

「ただし、これは〈読み〉の問題になるが、テキストを解体して巨きく再構築すれば、富岡兼吾を曙光に輝かせることも不可能ではない」

氏は続けてこう述べるが、それを聞いたわれわれは結論を急がず、まず氏の象徴的意味の解読法から読み直すことにした。

「富岡はゆき子と比嘉医師の三人でラジオから流れていたドヴォルザークの『新世界』を聴いていた。〈新世界〉に至るまでに、ひとはおのおの人生の地獄を、煉獄をくぐり抜けてこなければならない。〈新世界〉がいきなり、訪れるわけではない」

われわれは先に紹介した①の小論文「『浮雲』と『罪と罰』について」をまず読むことにした。

清水氏は『浮雲』において〈緑色〉がどれほど重要な象徴かについて、最初にロジオンの〈復活〉を主題にした『罪と罰』で〈緑色〉がどのような意味を担ったかを丁寧に説明した。

「それがソーニャの〈緑色のショール〉だな」

即禅師の言葉に即反応したかのように、清水氏はこう述べる。

「ソーニャの被っていた〈緑色のショール〉は、身売りの現場やロジオンの復活の場面に立ち会っており、いわばソーニャとロジオンの肝心要の〈秘密〉を知っているシンボリックな存在と言える」（①）

氏はそれと同じことが『浮雲』の屋久島で、富岡が出会った〈緑色のジャケツ〉の娘、いわば〈おせい似の女〉にも説明できると言う。そのためには、氏はこの小論文では青写真を示すにとどめたが、後の巻では富岡とおせいの関係をどれほど執拗にたどったことか。その意味で、この小論文は大部の『浮雲』論を短く平易にまとめた読者のためのダイジェスト版と言えよう。

「いずれにしても、マサシが『浮雲』論のいたるところで論究したドストエフスキー作品とキリスト教については、仏教僧といえどもしっかり読まねばならない、ということだな。マサシが林芙美子の〈虚無〉に支えられた〈思弁〉に生きる覚悟をわれわれに見せたが、彼にとってもたとえば⑦「■ラザロの復活と死」を詳述することなどは、自身の〈思弁〉のためにも不可欠な訳だ」

即禅師が先の自分の言葉を反省して述べる。

清水氏の象徴的意味の解読の卓越した批評は、氏の『ドストエフスキー論全集』などの読者にはくどくど説明する必要がないだろう。一つ付け加えるならば、氏が直感に非常に優れていることだ。⑦の「■病床のゆき子を残して山に向かう富岡――神話的、神学的な次元でのシンボリックな光景――」には、ドストエフスキー作品からの解読だけでなく、むしろ場面の隠喩を直感する能力が際立って見える。詩的な解読に優れている、と言ってもいいだろう。氏のこんな言葉がそれを証明しているように思う。

「『浮雲』にはシンボリックな描写が随所に見られる。が、林芙美子はその意味を決して語らない。わたしたちは林芙美子が詩人であったことを忘れてはならない。詩は自らの言葉の説明を拒んでいる。詩言語は批評によって語られることはあっても、説明や解説の網の目にかかることはない」⑦

その意味で、氏の優れた象徴的意味と詩言語の解読が総合的に下した以下の言葉に対して、わたしには言いたいことがあった。

「富岡やゆき子はユダヤ・キリスト教の神の口から吐き出されてしまう生温き人間であり、彼らはどんな卑劣な行為を繰り返しても、そのことに罪の意識を感じて苦しむことはないのである。が、こんな彼らの内にも実は垂直的な志向が潜んでいた」⑦

「『浮雲』という小説にわたしが執拗にこだわるのは、表層的な水平的磁場に垂直軸が貫通しているからである。『浮雲』に貫通しているこの垂直軸はその姿を晒すことはない。富岡兼吾もゆき子も、自らの精神内部に貫通している垂直軸に明晰な眼差しを注ぐことはない」⑦

14

わたしは清水氏の考え方に賛成である。しかし、ゆき子には「垂直的な志向」よりも「水平的磁場」のほうが強く、また露わにしていたような気がするのだ。わたしは先にロジオンが流刑先のシベリアで見た〈新しい生活〉の場面（引用文）を読んだとき、あの「遠い向こう岸」の牧歌的な風景がゆき子の年中夢見ている仏印ダラットに重なって見えた。その風景は〈垂直的〉より〈水平的〉に思えた。

「それはマサシの言うテキストの〈読み〉の問題だろう。それにしても、『浮雲』にはダラットの場面がやたらに多い。なぜか」

即禅師の反応に、わたしはうれしくなった。とたん、正空聖人が例の囲碁の話を持ち出してきた。まあ聞いてみよう。

「囲碁には陰陽説が反映しているらしく、陰の黒石と陽の白石が調和して戦うのが理想と言われる。勝敗とは無関係だが、わしが孫悟空から教わった聞きかじりの乱暴な考えでは、陰は女性で〈水平的〉停滞、陽は男性で〈垂直的〉向上の隠喩を主に持っている。世間の人びとは陰をネガティブ、陽をポジティブにとらえがちだ。しかし、それも〈読み〉の問題だ。そこでだ、以前『浮雲』を囲碁のゲームに喩えたが、ゲームは後半に入り、ゆき子の黒石と富岡の白石のどちらが優勢かなかなか判らない」

正空聖人の話は長い。手短にまとめると、囲碁の領土を『浮雲』に喩えれば、白石つまり富岡の屋久島と黒石つまりゆき子のダラットになる。聖人の言いたいことは、黒石が囲んだ領土ダラットも意外に大きいのではないかということらしい。

「わかった、わかった、みなでダラットの意味を考えよう」

即禅師が短気を起こして言う。

仏印ダラットはゆき子が富岡と運命的な出会いをした『浮雲』において重要な場所である。作者は物語の頭の数章を使って、出会いのいきさつ、とりわけ加野を交えた三角関係を描く。読者はゆき子と富岡が帰国後、事あるたびに思い起こすダラットについて、事象的次元の情報をここで得る。ゆき子が富岡への愛欲をどう募らせていったのか、といった心の真相などはなかなかわかりにくい。ふたりの恋愛関係も複雑で、幅も深さも大きくて、愛情なのか肉欲なのか測りがたいところがある。読者のテキストの〈読み〉によって、物語の陰陽の傾きが異なってこよう。

清水氏は⑧『林芙美子の文学『浮雲』の世界 №1』において、先に述べた氏の直感による詩言語の解読を駆使した批評を展開する。前に述べたゆき子の隠喩である〈野生の小柄な白孔雀〉はその一例だが、氏独自の解釈にあふれている。読者は作者があえて触れないふたりの心理を推測できたことで、ふたりが物語で「ダラット」という言葉で敏感に反応する意味を知り、物語をより深く理解できよう。

「おまえさん、マサシによいしょし過ぎじゃないか」

即禅師がわたしのモノローグにいちゃもんをつけてきた。清水氏はこんな印象深い言葉を書きつけている。

「林芙美子の文章は簡潔で分かりやすいが、林芙美子が求めているのは読者の感性である。ものに感ずる心なければ、林芙美子の文章を体感することはできない」⑧

「話をもとに戻せば、ゆき子にとって〈新しい生活〉の理想郷がダラットで、清水氏のいう〈水平的磁場〉の引力から逃れられない。むしろ、そこにとどまりたい。富岡はもちろん、実現しない彼女の夢として拒否するが、ふたりの三年間の愛の日々を否定している訳ではない。ダラットを時に思い出すこともあれば、現地の「漆の話」を書くこともある。黒石の領土はどれぐらいあるのだろうか」

わたしは話を正空聖人に振ってみた。

「ありがとう。わしの囲碁の話は嫌われてしまったと思ったよ。話を進めるために、先にマサシの次の文章を読んでほしい」

「戦争という渦に巻き込まれない唯一の方法と言えば、台風の眼の中の静寂ではないが、まさに戦争の中心点に自らの身を置くしかないだろう。象徴的な次元で言えば、〈ダラット〉は戦争の渦の中心点のような〈楽園〉なのである。

戦争という渦がおさまれば、富岡も加野も〈地獄〉の内地へと帰還しなければならない。しかし、敗戦後の日本は、戦勝国のアメリカの傘下に身を置くことによって、第二の〈楽園〉を形成してしまった」⑧

「ふたりの囲碁の勝敗は、屋久島の場面におけるマサシの緻密な〈読み〉を見なければ判らないが、物語が今日まで続けば黒石の方が優勢に思えるがね」

聖人はなんとなく鼻腔をふくらませて、話を続ける。

「ゆき子の黒石の打ち方が陰気っぽく見えるために、黒石の夢はネガティブに受け取られがちだ。しかし、決して妄想ではない、とわしは言いたいのだ」

わたしは聖人の意見が隠喩にあふれ過ぎていると思ったが、一方自分でうまく説明できなかったので、納得した。今度はわたしが話を進めた。

「ダラットの三年間は、いろいろに解釈できるが、富岡とゆき子にとっては〈愛〉に支えられた〈生活〉だった。作者はその詳細をまるで書かないので、〈生活〉の内実は不明だが、ふたりの行動から〈愛〉について、ありがたいことに清水氏がたくさんの解釈を提供しているので、みなで考えてみよう」

15

わたしは〈愛〉についてては、いろいろ言いたいことがあった。老僧方はわたしの内面の言葉、つまりモノローグに通じているので、わたしはモノローグで、〈愛〉について考えを述べることにした。

さて、わたしは、すべての人間関係が〈愛〉である、と考えている。男と女、夫と妻、親と子、男と男、女と女などなど、さまざまな人間関係があり、そこに〈愛〉がある。人の数だけ〈愛〉がある。つまり、〈愛〉のカタチがある。人は性別、職業、生年月日、経歴などいろいろな属性を持っている。ここが大事な点なのだが、それらの属性をむりやりに剝ぎ取って、こしらえた〈男性〉性と〈女性〉性による男女関係を、わたしは〈愛〉とは呼びたくない。

「おまえさんはそれで、林芙美子のこしらえた富岡とゆき子のカップルをあえてアンドロイドなんて言うんだ」

「即禅師のご推察どおりだが、ふたりが大変に若いカップルだ、ということをくどく言いたかった。それと、ふたりの〈楽園〉ダラットでの〈愛〉の〈生活〉はわずか三年弱、帰国してからの〈腐れ縁〉は一年半足らずだ。男女の属性にくるまれた普通の恋愛物語ならば、ふたりの〈腐れ縁〉はゆき子の未練といったところではないか」

わたしは持論を述べたが、清水氏のふたりの〈愛〉のあり方への追及は、優秀な警察犬のように、リアリティーに欠けたふたりをこしらえた作者・林芙美子を、小説の内と外の境界の壁に幾度も追いつめた。その痛快さは③『『浮雲』放浪記 No.1』に活写されている。ただし、わたしの女性のリアリティーは、現代のゆき子の年齢ぐらいの女性がホストクラブの男に入れ揚げて、全財産を使い果たすようなことも考慮している。

「マサシは③で「林芙美子はゆき子をおきんと同じ女として描くことをやめたことで、ゆき子は現実の女を越えて〈永遠性〉を獲得したとも言える」と書いているが、おまえさんのアンドロイ

ド と同じことを言っているようだな」

おきんは林芙美子の著作『晩菊』の主人公で、清水氏は伊香保温泉から戻ったゆき子が懲りずに富岡と〈腐れ縁〉を再開することに、おきんに比べてあまりにリアリティーがなさ過ぎると、作者に向けて憤慨している。いずれにしても、仏印から帰国後の富岡とゆき子の〈愛〉のカタチは不定形で、清水氏がその原因をダラット時代に探り、二人の〈愛〉のありようを上手に説明している。それにしても、帰国後の二人の〈愛〉のありようはリアリティーに欠ける、というのが氏の憤慨である。

さらに、氏はこう言い放つ。

「ゆき子は惨めなストーカーに貶められた。富岡を手放さなかったのは、小説上のゆき子ではなく、作者である。作者のうちに、富岡のような卑劣漢を絶対に手放さない異様な〈復讐〉の念が潜んでいて、自然な筋展開を曲げてでも、ゆき子は富岡に愛想を尽かして離れて行かないという設定にするのである」③
「これは〈愛〉は〈愛〉でも、〈愛執〉だな」

正空聖人が急に目覚めたように大声でしゃべり出す。清水氏は〈復讐〉の理由を以下のように説明している。

「ゆき子にあるのは〈復讐〉だけだ。わたしは、富岡に対するゆき子の愛を感じない。富岡とゆき子は〈性〉で結びついた仲であっても、相手の気持ちを深く察して、自分の生きる方向性を決めるといった姿勢は見られない。（中略）ゆき子には、男に対する〈反抗〉〈復讐〉の思いが根深く潜んでいる。描かれた限りにおいては、伊庭と富岡がその対象となっているが、その根源に〈父親〉の存在があったと思われる」（⑨）

氏は⑤では「一つの解釈として、ゆき子も林芙美子も〈不在の父〉の像を無意識のうちに求め続けていたことが考えられる」とも述べている。わたしは氏の解釈を意味深く受け取っているが、ゆき子の〈復讐〉を〈愛執〉ぐらいに受け取ってあげたいと思う。理由は彼女の年齢もさることながら、ダラットの〈楽園〉から帰ってまだ一年半弱で、去年、おととしといった時間感覚を考慮してあげたい。作者はゆき子に「つい去年よ。手を取り合って湖畔を歩いたわね」といった言い方を決してさせない。

清水氏は⑤で、ゆき子が加野の死を知って、音沙汰のない富岡に「思い切って」書いた手紙（「四十一」章）に対して、実に厳しい批評をする。

「――新聞でおせいさんの死を知りました。何事も不思議な運命の糸にあやつられていたと思うより仕方がありません。大変だった事と思います。

どうしていらっしゃいますか。

一時は、貴方を憎み、怒りましたが、やはり、ゆき子以外には、貴方を慰めてあげる女は他にいないと思っております。（云々、以下省略）」（『浮雲』「四十一」章）

氏の怒りは尋常でなく、矛先がゆき子から作者の林芙美子へ向かう。

「富岡に対してゆき子は恥も外聞もない。もう一つ敢えて言えばプライドがない。プライドがあれば、富岡がおせいと関係していたことが判明していた時点できっぱりと別れていたであろう。が、ゆき子は別れない。（中略）

わたしは今、というよりか『浮雲』論を書き続けている途中で、ゆき子の力、その富岡に対する執拗な追いかけを促している力は、ゆき子その人にあると言うよりも、作者林芙美子にあると思い始めた」⑤

わたしは氏の批評に意見をはさむつもりはないが、ゆき子のひらがなの多い、拙い言いまわしだが、言いたいことをストレートに言ってしまう若い女性らしい手紙の文面に、どうしても関心が向いてしまう。そこにはゆき子の富岡への〈甘え〉があるような気がするのだが、どうだろうか。

「おまえさんの発言は、マサシを批評したくてしょうがない、といった気分が感じられるぞ。どうなのだ」

「即禅師がそう思うような発言かも知れないが、私の言いたいことはむしろ批評よりも『浮雲』論の楽しい読み方を知ってほしい」

「つまり、『浮雲』論の批評方法である〈解体と再構築〉によって、清水氏が集めた材料をわたしたち読者が自由に使って、わたしたち自身のバラックを〈再構築〉してもいいのではないか。わたしはそう言いたかった」

「ドストエフスキーの『罪と罰』や『悪霊』といった外国建材もある。〈思弁〉の人マサシが集めた材料は、〈生活〉にどっぷりつかったわれわれには少し扱いづらいかも知れないが、おまえさんの〈甘え〉のような見方があっても確かにいい」

正空聖人がまじめくさった顔で言う。

16

「〈愛〉の話を続けたいのだが、マサシがゆき子の〈秘中の秘〉というが、あれはどういう〈愛〉なのかな。即禅師はどう思う」

「実は、わしもよくわからんのじゃ。確かダラットで〈野生の白孔雀〉が森に去る場面だったと思うが、マサシとおまえさんとは意見が違ったのではなかったかな」

わたしにお鉢が回ってきた。清水氏はどう述べているか。

「ここで再び、富岡がダラットの森で初めてゆき子に長い接吻をした場面を想いだしておこうではないか。あの時、富岡は接吻以上の情熱にかられることなく、ゆき子を放している。その瞬間〈野生の白孔雀〉が飛び立って森のなかへと消えていった。

ゆき子はもちろん、作者の林芙美子も知っている。富岡がゆき子を本当には愛していなかったことを。恐るべき孤独、ゆき子はこの孤独を自分にも秘密にした。作者林芙美子もまた、ゆき子の〈秘中の秘〉に触れようとはしない。おそらく、ゆき子の孤独は林芙美子の孤独でもあった」

（⑧）

清水氏の恐るべき深い〈読み〉である。しかし、この場面の後、ゆき子は事務所にもどって、ひとり微笑む。作者はこう述べている。

「深いちぎりとまではゆかないけれども、一人の男の心を得た自信で、豊かな気持ちであった」（「十二」章）

わたしは〈野生の白孔雀〉を〈愛〉のキューピッドのように想像した。聖なる〈愛〉はふたりのあまりにも打算的な〈愛欲〉に驚いて、森へ去った。

「マサシの笑い声が聞こえてきたぞ」

即禅師がまたわたしをからかう。

わたしは〈愛〉を〈思弁〉的に考えられないのだ。たとえば、〈愛欲〉は単に生理的現象に過ぎない性欲（性的衝動）に〈愛〉の衣装を着せた観念と考えている。〈愛〉の衣装をまとったばかりに、倫理・道徳の餌食にされてしまう。

「おまえさんは意外に過激な考えを持っているんだ。ゆき子は性に奔放な二〇代の女性ぐらいにしか思っていないんだ」

正空聖人が少しあきれた顔をして言う。

「いずれにしても、清水氏はさまざまな〈愛〉の衣装をとっかえひっかえするふたりのエゴイスティックな〈愛〉の底に、〈恐るべき孤独〉を見る。ふたりをアンドロイド視すると、それが見えてこない」

この氏の〈恐るべき孤独〉からふたりの行動を見ると、たとえば、ゆき子の加野への見舞いや富岡のおせいの亭主・向井清吉への世話などには、氏はむろん厳しい批評を加えているが、〈愛〉がまだ育つヒューマンな心がふたりにうかがえる。〈愛欲〉のせいとはいえ、ゆき子は加野を、富岡は向井を傷つけたことに違いはない。

「そういう意味では、富岡とゆき子が屋久島へ渡る途中で、ゆき子が病気になって、富岡が甲斐甲斐しくゆき子を看病する場面、あそこの富岡にはゆき子への〈愛〉が感じられる気がするが、どう思う」

正空聖人がみなに尋ねてきた。

「病床に伏せるゆき子を看病する富岡にめずらしく〈愛〉をわたしも感じるが、清水氏もそうした場面を丁寧に引用・解読するものの、たちまち〈思弁〉が頭をもたげて、きつい批評を展開する」

いくつか紹介しよう。

「寝床で顔を真っ赤にして咳込んでいるゆき子と寝床を一緒にすることのできなかった富岡は、寝床から出て、咳止めの薬をゆき子に呑ませる。富岡は非常に疲れていたにもかかわらず、ゆき子の寝床の傍らにいてしばし看病の時を過ごしている。このように想像すると、富岡の優しさがしみじみと伝わってくる」⑦

続けて氏は、もし富岡が寝入ってしまったらどうか、と恐ろしいことを言う。事実、富岡はしばらくして、鼾をかいて眠ってしまった。氏は怒る。

「それにしても注目すべきは、ゆき子が死ぬ予感をさえ覚えながら、侘しい部屋に執拗な視線を送っている時に、富岡は鼾をかいて寝入っていることである。この描写をそのままに受け止めれば、富岡はゆき子の内部にまったく思いをいたしていなかったことになる。（中略）読者は、またもや同じ疑問を発せざるを得ない。なぜゆき子はこんな男の後を追って屋久島までついてきたのか、と」⑦

さらに場面は続き、夜、富岡は焼酎を呑んでいる。

「ここに引用した文章で「自分のような男に、いったいこれほどの情熱をかたむけた人間が、どこにあっただろうか」という、富岡のゆき子に対する思いは素直に同調できる。まさにその通りだからだ。富岡は、ゆき子が富岡に情熱を傾き続けたその事実に感傷的な涙をにじませる」。しかしながら、「読者はゆき子の富岡に対する情熱の源泉を突き止めようとして失敗する。富岡は雌を引きつける雄としてのフェロモンを出していたのだとしか言いようがない」⑦

「おいおい、マサシはわれわれのことを笑っているのか」

即禅師が憤慨する。わたしは前に、若いカップルの平凡で、日常的な〈生活〉を表層的に〈読む〉ことにも一理ある、と述べた。だが、清水氏は⑨で、ゆき子と富岡が伊香保温泉で正月を迎えたごく日常的な場面（『浮雲』「二十七」章）、たとえば「今日は、お正月ね?」「うん」「今日、帰る?」などを引用して、こう批評を加える。

「これが〈非日常〉を潜めた日常というものである。(中略)この、平凡な光景のリアリティの前に、富岡の心中妄想などは跡形もなく溶け込んで消えてしまう。もし、この場面だけを抜き出して読めば、この二人の男と女の姿に〈不思議〉を感じる者はないだろう。

読者は富岡とゆき子の〈日常〉を共犯的に共有することができる」⑨

正空聖人が笑って、こんな提案をする。

「ならば、ここでわれわれは思い切った手段に出ることにしよう。マサシの〈非日常〉を述べたがる〈思弁〉の口を封じて、『浮雲』論で一番美しい〈愛〉の場面をこの項の最後に紹介しよう」

テキストの舞台は『浮雲』(「六十五」章)、死の床のゆき子は夢の中で、仏印サイゴン近郊のホテルで、富岡と秘かに結ばれた一夜を思い出している。

「ゆき子も富岡も声一つたてないで、じいっと、お互いの眼を暗がりの中で、みつめあっていた。獣めいた、光った眼の底に、戦争とかけはなれた、二人だけの、ひそかな愛情が、しみじみと二人の思いを語りあっているのだ」(テキスト)

「読者はゆき子と富岡の悦楽の関係に〈性愛〉のみを感じがちだが、ここで記された《愛情》という言葉は鮮烈である。どんなロマンチックな青春恋愛映画での愛情よりも、この愛情は純粋な鮮烈さに輝いている。ゆき子はこの《愛情》に霊肉一致の至高性を感じてしまったがゆえに、病の身を押して屋久島まで富岡を追ってきたと言えようか。〈外の光〉の中から、扉を開けて入ってきた〈背の高い富岡〉はまさに後光を背負った〈神〉でもあったということ、この〈神〉が後にどれほどその神々しい光を失おうとも、美しい町ビエンホアのホテルでの富岡との一夜はゆき子のその後の人生を決定づけた〈聖なる夜〉だったのである」⑦

17

突然の〈神〉の出現である。

「ようやく出てきたな。マサシの心の奥深くに潜んでいるヒューマンな〈神〉が。マサシの〈非日常〉の〈神〉が」

清水氏の優しい心根が大好きな即禅師が、ため息まじりで言う。

「〈思弁〉の人マサシが聞いたら、クレームがつくぞ」

正空聖人が心配げに言う。わたしもそう思ったので、『浮雲』論の最大のテーマである富岡の〈死と復活〉について、最後に話し合うことにした。読者として一〇冊の『浮雲』論を行きつ戻りつ幾度も読み返してきたが、清水氏の一〇年間を思えば、さらに加えて氏の〈読み〉の深さに驚けば、まだ読み足りないようにも思えた。

〈死と復活〉のテーマは、⑩『林芙美子『浮雲』における死と復活の秘儀』と⑦『『浮雲』放浪記 №5（完結編）』に集約されている。前に目次をすべて引用したのも、それらを読めばおおよその見当がつくと考えたからである。テーマがどのように書かれたかについて、⑩に氏の解説があるので、それを引用して読者の参考にしたい。

『浮雲』のテキスト表層をなぞっているだけでは、この作品に〈死と復活〉の秘儀が埋め込まれていることは見えてこない。読者は何度でも思い出さなければならない、富岡兼吾が『悪霊』の愛読者であったことを。富岡は作者によって『悪霊』論を展開することを封じられている。従って、読者こそが、『悪霊』を通して『浮雲』の世界を照射しなければならない。(中略)〈新世界〉〈緑色のテープ〉〈白いハンカチ〉〈陽射しを受けた白い海上〉〈白いペンキ塗りの板壁〉〈白い上着を着たボーイ〉〈白い砂の洲〉〈グリン色の透き通った水〉〈メカニックな大きい吊橋〉〈白いもやの壁〉……これらの言葉の連鎖によって明確に浮上する死と復活の秘儀のドラマを見なければならない」⑩
その背景には、林芙美子の作家としての野心が潜んでいる。

『浮雲』表層テキストにおいて、ゆき子と富岡は、生温き存在以外の何者でもない。ユダヤ・キリスト教の文脈において彼らのような存在が〈死と復活〉の秘儀に参入することはできない。が、ゆき子も富岡もキリスト教徒ではない。彼らは文字通り、空虚な浮草のように世界を流浪しているだけである。

この空虚な生温き実存に、もし〈死と復活〉のドラマを重ねたらどうなるのか。それをどのように表現したらリアリティを獲得できるのか。林芙美子の作家としての野心はここにこそあったと思える。林芙美子は〈神〉〈罪〉〈愛〉〈死と復活〉などの言葉をいっさい封印して、人間を限りなく追求することを自らに課したのではないか。表層テキストに揺さぶりをかけ続ければ、その布地の綻びの中から、ドストエフスキーが生涯にわたって探求した〈人間の謎〉が生々しく浮上してくるのである」⑩

この林芙美子ならではの〈死と復活〉の叙述の巧みさ、それらを見つけ〈読む〉清水氏の鋭い批評は、『浮雲』論に実際に当たってもらうしかあるまい。

「わしらもそう思うが、このドラマ解読の背景に、マサシの弁証法的思考の〈思弁〉がフル回転している。以前に、『浮雲』の〈虚無〉に支えられた〈思弁〉について、マサシの考えを聞いたが、このことに関する〈思弁〉論が⑦にある。これも引用しておけば、この大部の『浮雲』論を読み進める読者の貴重な燃料になるのではないかな」

正空聖人の提案を受け入れて、以下に清水氏の〈思弁〉論を引用する。

「思弁から命への変換は突然なされる（「『罪と罰』のエピローグにおけるロジオンの復活の瞬間」を思い起こしてほしい／筆者）。命への変換は、徐々にとかいう段階的な経過によることなく、突然なされるということ、このことは何を意味しているか。それは人間の意志を超えたものによる突然の働きとしか言いようがない。つまり、信仰は思弁（弁証法的思考）によっては説明できないということである。思弁が語れることは、せいぜい信仰に関するさまざまな懐疑でしかない。この懐疑的精神は神を徹底的に思弁の領域で認識しようとする試みであるが、思弁者は予めその徒労を承知しているので、この試み自体を一種の戯れと見なしている。この戯れ行為によっては、信仰に到達することは絶対にできないと分かっているのでとうぜんこの精神状態は虚無を抱え込むことになる。

では、なぜこういった思弁者は、にもかかわらず、この虚無をいつまでも抱え込んでいるのかといえば、それはそのことで、つまり懐疑を断続的に保持し続けることで、不断に神と直面することができるからにほかならない」⑦

林芙美子は『浮雲』の創作意図を述べた箇所で、「神は（「人間の運命の」／筆者）近くにありながら、その神を手さぐりでいる」と「私自身の生きのもどかしさ」を語っていた。これは屋久島で、富岡がゆき子の病気回復を神仏に祈る場面に重ならないか。

「〈死と復活〉のドラマを、そこから入ろう。マサシの〈読み〉は東西の宗教にまたがっており、かつ実に深遠な論理を展開している。われわれ僧侶にあっても、運命が神の面をつけるのかどうか、ぜひ知りたいところだ」

即禅師がうれしそうに提案する。場面は病床のゆき子の熱が高いまま下がらないので、富岡が辛子粉を溶いて塗った紙をゆき子の胸に張る。

「時間を見て、その紙を引きはがしてみると、皮膚が赤くなっていた。（改行）富岡は、その皮膚に顔を寄せて、神仏に祈った。もう一度、我々を誕生させてください」（「六十一」章）

清水氏は「この二行に思わず胸が詰まる」と言い、「作者林芙美子もまた祈っている」、「この富岡の祈りの姿は壮絶である。少なくともわたしの眼にはそのように映る」⑦と述べている。

「マサシにしては、読者に少し遠慮している言い回しだが、どうしてだろう」

即禅師の疑問に、わたしも同感で、たぶんこの言葉に続けて述べた「今まで林芙美子は、富岡にもゆき子にも垂直的な眼差しを封印していた」に理由があるのではないか。事実、氏はこの富岡の〈非日常〉を性急に解釈せず、ロジオンとスタヴローギンの〈祈り〉を取り上げ、富岡の〈祈り〉とゆっくり、頁をかけて比較する。

「たいていの日本人は重病人に対して、これに近い〈祈り〉の言葉を投げかけるからな。神か仏か定かではないがね」

正空聖人の感想から言えば、「富岡の祈りの姿は壮絶である」という氏の印象は特異かも知れない。だからこそ氏は、垂直的な〈祈り〉の姿を丁寧に見直しておきたかったに違いない。かつ、そこから、林芙美子がその後の富岡をどう描くかをなめるように追って行かなければならなかった。

「神仏といえば、日本では八百万の神々だし、富岡はさらに出典を忘れてしまったという『新約聖書』(マサシの指摘)の一節を口にする。運命が神の面をつけて富岡の脳内に現れたのかも知れんが、どんな神かさっぱり判らん」

聖人が困惑した顔で言う。いずれにしても、清水氏の富岡への眼差しには、冷徹できびしいものが宿る。

富岡がゆき子の名前を耳元で呼べば、氏はこう解釈する。

「無心に神仏に祈る富岡の心の片隅に〈女の死を願っているような空間〉もある。そして、その不埒な思いを払いのけようとして、富岡はときどき、ゆき子の耳元で「ゆき子！　ゆき子！」と名前を呼ぶのだ」⑦

「おいおい、もう勘弁してくれよ」

聖人が叫ぶ。聖人に免じて、その間の怖い氏の解釈は省く。夕刻、薬が効いたのか、ゆき子の熱がひく。氏は富岡の〈祈り〉をこうまとめる。

「富岡兼吾は神仏に祈っても、それは困ったときの神頼みの域を越えてはいない。富岡の祈りは神仏にたいする絶対帰依ではない。作中において、富岡は不信と懐疑を抱えた求道者といった貌をまったく見せていない。ドストエフスキーの描く人神論者のような思弁的次元での懐疑的饒舌をふるうことはどの場面においても見られなかった」⑦

18

そんな富岡兼吾だが、富岡が死者となったゆき子と対面する場面（「六十六」章）では、厳粛なテキストもさることながら、清水氏の富岡自らの〈断罪〉への愛情に満ちた眼差しによって、『浮雲』論のエンディングを飾る解釈にあふれて、「ここでは富岡兼吾が〈キリスト〉として十字架刑に処せられたという点のみを確認しておきたいと思う」⑦という氏の言葉に誰もが賛意を示すだろう。

「屋久島まで追ってきたゆき子の死に直面した富岡の内的世界を、林芙美子は〈苦しい〉とか〈悲しい〉といった言葉で表現しない。富岡自身もそういったいわばありふれた言葉で内部を表現しない。富岡は〈猛烈な下痢〉に襲われ、〈息苦しい厠〉にしゃがみ込んで、子供のように〈おえつ〉して哭くのである。富岡は懺悔しない、神仏に祈らない。猛烈な下痢の痛みに耐えながら、狭く、臭い、厠の牢獄で、ひとり嗚咽する。深い、どうしようもない悲しみに襲われた者であるなら、富岡が子供のように嗚咽するこの場面に共感するだろう。富岡は臭気たちこめる厠で、激痛をこらえながら「人間はいったい何であろうか、何者であろうとしているのだろうか……」と問わずにはおれない。この問いは次の答え「いろいろな過程を経て、人間は、素気なく、この世から消えて行く。一列に神の子であり、また一列に悪魔の仲間である」と共に、富岡と作者がまるで一体化して発した言葉のように思える」⑦

さらに続けたい。

「林芙美子はドストエフスキーと違って、熱くもなく、冷たくもない、生温き、中途半端なろくでなしの男が、背負い切れぬ十字架を背負って歩く、その一歩一歩に寄り添っていき、その磔刑の姿を幻視するのである。(中略) 富岡は特別な人間ではない、ただの信仰なき〈愚かなるもの〉である。が、この〈愚かなるもの〉が、今、一歩も出ていけない、狭い厠にしゃがみ込んで、その出ていけない不可能を、〈一種のゲッセマネ〉に到るまでだ、と意識していることが重要なのである。

はたして富岡に〈ゲッセマネの祈り〉は訪れるのか」⑦
即禅師が感極まって、その後の一節を自分で読む。

「林芙美子は、狭く暗い厠に、富岡の足もとを照らす一本のローソクがあったことを記している。林芙美子は、断罪する神でもなく、赦す神でもなく、この臭く、狭い厠にしゃがみこんでいる富岡に、ローソクの〈灯〉として寄り添っているように見える」⑦
わたしは「やはり禅師はお坊さんだな。ローソクには弱いのだ」と冷やかそうとして止めた。黙って聞いていた正空聖人が口を開いた。

「余計な一言だが、もし富岡が心の底のどこかで、ゆき子を同類として離れがたく、また離れたく思っていたとしたら、この悲痛な〈呻き〉はその苦悩の中から生まれた、仏教でいう〈悲〉だとも言えよう。さらに、〈友情〉を感じれば、〈慈〉となる。そして、この〈慈悲〉が〈愛〉に代わって、孤独な〈空〉の中の〈無縁の大悲〉となる。ひょっとすると、マサシの〈空即愛〉と同じ意味かも知れん」

「おいおい、マサシの〈思弁〉よりもむずかしいぞ」

即禅師が茶化したが、聖人も〈思弁〉の僧侶として、何か一言はさみたかったのだろう。一言はさむとすれば、⑩『林芙美子『浮雲』における死と復活の秘儀』で氏が力を込めて解読した、富岡が見た種子島の場面だ。

「わたしのイメージの中では、富岡が船室の窓から眺める〈平べったい島〉、その〈寝そべったような、淋しげな島〉は白い海上を背景にして十字架刑に処せられた富岡兼吾の死体にすら見えている。（中略）この光景にドヴォルザークの交響曲第九番『新世界』を響かせてもいい」⑩
この予感が富岡版〈ゲッセマネの祈り〉にローソクの曙光を照らす。
「この一〇冊の『浮雲』論について話をすれば切りがない。そろそろ話し合いを終わりにして、最後に各自の一番印象に残ったことを話そう。わしはマサシが「富岡兼吾が林芙美子版ニコライ・スタヴローギンであったということ」⑦を発見したことだ。それは『浮雲』が世界文学の地平で批評されなければならない、ということをマサシが宣言したことでもあろう」
正空聖人が開口一番、大きな声で語り始めた。実際、清水氏はその〈発見〉を強調した文章で、こう述べている。
「はっきり言ってわたしは興奮を抑えられない気持ちだ。わたしが誕生した一九四九年に『浮雲』は書かれたのだ。そしてこの『浮雲』に、林芙美子はニコライ・スタヴローギンが日本人であれば〈富岡兼吾〉になるほかはないというふうに、富岡兼吾を作り上げたのだ。この〈発見〉に六十年を待たなければならなかった林芙美子の無念を思い、わたしはひとり興奮しているのである」⑦
次に即禅師が話す。
「わしはだね、この『浮雲』論は〈思弁〉の人マサシの自伝的告白だと考えている。話し合いの冒頭で述べたように、『江古田文学』に載せたあのすばらしいマサシの自己プロフィールが、血脈のように論文のすべてに息づいている。プロフィールの下の文章が論文のいたるところで甦る」

禅師がゆっくり読み上げる言葉は、確かに『浮雲』論で見たことがあった。

「人間はわけも分からずこの地上世界に誕生し、生き、そして死んでいく。生きている間は、みな各人の意味を考えるだろう。しかし誰一人として明確な答えを導き出した者はいない。七十四年の人生を生き、かけがえのないひとの死に立ち会いながら、憤怒と悲嘆を抱えて書き続けてきたわたしに言えるのは「なるようにしかならない」ということだけである」(『江古田文学』一一四号)

『浮雲』の人物たちが〈虚無〉に抱かれた〈生活〉人ならば、マサシは敢えて〈虚無〉に支えられた〈思弁〉の人として、彼らと真摯に向き合った。マサシの大ファンとして、読者にはそれをぜひ感じてほしい」

最後に、禅師の熱弁を受けて、わたしの印象を述べた。

「富岡兼吾は最終的にキリストにはならなかったが、清水氏の深い〈読み〉によれば、彼の中には〈垂直的志向〉の何かが隠されているようだ。しかしながら、正空聖人のいう囲碁の形勢では、なんとなく死んだゆき子の黒石が優勢のようで、氏は戦後日本が第二の〈楽園〉に頽落したと見て、たとえば⑨『林芙美子の文学　『浮雲』の世界　No.2』の本文末で、このように書いて終える」

「富岡兼吾は『浮雲』に登場する一人物にとどまるものではない。敗戦後の日本を生きるすべての日本人の〈吾〉を兼ねた人物なのである。嘘つき、卑劣、卑怯、狡猾、臆病、見栄坊――これが敗戦後六十数年たっても、依然として変わらぬ日本男子の赤裸々な姿である」⑨
わたしは富岡がキリストにならなくても、せめて〈垂直的志向〉をもったキリスト者になる奇跡が彼に起こらないものだろうか、と思った瞬間、こんな言葉が飛び出した。

「先日、清水氏の完全なる大学教授退官を祝って、数人の女弟子が集まった。わたしも招かれて、いつもの飲み会のように、氏の独演会を楽しんだ」

そう語ると、二老僧がそろって、嬉しそうにこう言う。

「知ってるよ。わしらもそばの空きテーブルで、拝聴していたんだ」

会場は氏の自宅そばのレストランだったので、氏の書斎に居候しているふたりがそこにいてもおかしくなかった。即禅師が言う。

「話は日本のキリスト者の内村鑑三についてだったろう。内村はろくでなしのペテン師だのと、マサシの言いたい放題だった」

その言葉の瞬間、またわたしからこんな言葉が飛び出した。

「内村鑑三はキリスト者になった富岡兼吾ではないか」

そう言った私自身も驚いたが、老僧方も驚いて大きく肯いた。わたしが言いたかったことは、戦後の日本男子が〈垂直的志向〉を経済成長の上向くことと勘違いして、背筋を真っすぐ伸ばした〈思弁〉的な生き方を失念してきたことだ。わたしはそれを悲しんでいる。清水氏も同じ思いだからこそ、先のような文章を書いたのだろう。〈思弁〉の休まる時のない氏は、早くも過去の日本人に遡って、たとえば内村鑑三に〈垂直的志向〉の可能性を探そうとしているのではないか。「『浮雲』論は、林芙美子の『浮雲』を清水氏独自の批評〈解体と再構築〉によって、新たに書かれた清水正の『浮雲』である。わたしたちはぜひこの清水正版『浮雲』を読んで、わたしたちの楽な姿勢の〈水平的磁場〉から身を放そうではないか。そして、時には自らの〈思弁〉に耳を澄ましてもいいのではないか」

わたしがそう言い終えると同時に、即禅師と正空聖人の姿が消えた。ふたりは鎌倉時代に飛んで帰って、坐禅でもしているのだろう。

II

清水正論

「全集」とアイデンティティ

清水正氏が個人全集を出す。慶賀の至りである。ついては栞に何か感想を寄せてくれないか、という友情あふれる言葉まで頂戴した。そこで、氏のドストエフスキー論について、思いついたことを記してみたい。

周知のように、清水氏は学生時代からドストエフスキーを熱く語る批評家で、在学中に『ドストエフスキー体験』（清山書房・一九七〇年一月刊）という批評集を出している。私は当時、清水氏が現在に至るまで長く勤めることになった日本大学芸術学部文芸学科の副手で、学科事務の雑用に追いまわされていた。もちろん、学生の文学論の挑発に乗るくらいの余裕はあったので、清水氏とドストエフスキーの作品をめぐって論じあったこともある。しかし、氏は私の浅薄な作品評をさっさと見限って、この処女批評集に収められている『カラマーゾフの兄弟』論の原稿一三八枚を私に手渡した。「先輩、しっかり読めよ」ということだったが、私は「ジャーナリズム論」の講師だった岡本博先生（故人）のゼミ雑誌『出入り自由』創刊号（一九七〇年二月刊）から連載できるように段取りして、しっかり読んだことにした。批評集とゼミ雑誌が相前後して出版されたことから推測して、私がはじめて清水氏の作品に接したのは六九年頃だったのだろう。今もって私は氏の読者として最低だが、本の見返しに「此経啓助様　清水正」と青インクで丁寧に記された『ドストエフスキー体験』を大切にしている。

さて、私はこの機会に改めて『ドストエフスキー体験』を読んでみたが、「十七の時に『地下生活者の手記』を読んでから三年、その間私はドストエフスキーの作品だけを読んできたといっても過言ではない」(「あとがき」)という熱を帯びた自信に裏づけられた体験告白に、老いてますますたじろぐ。

「日常的な余りにも日常的な生活の中で、異常と悪を志向する観念的情熱家よ！　おまえはラスコーリニコフの狂気と錯乱と行為を模倣する事さえできまい」(『罪と罰』)

この「おまえ」は「『罪と罰』という小説が、我々青年に与える感動と恐怖は強烈である」の著者・読者をふくめた「我々青年」を指しているのだが、清水氏は著者と読者の分裂を決して許さない。氏は続けてこういう。

「私にとってドストエフスキーの作品は文学そのものであり、人生そのものなのである。客観的に、ある程度の距離を置いて読書しようとする者には、彼の作品は拘ってこないであろう」

青年だった私にとって、ドストエフスキーの作品は「人生そのもの」でなく、人生の予行演習だった。清水氏もしばしば引用しているように、十八歳のドストエフスキーが兄ミハイルに宛てた手紙のこの言葉は、未知の人生に踏み出そうとする青年にとって感動的で、私には進軍ラッパのように響いた。

「人間は神秘です。それは解きあてなければならないものです。もし生涯それを解きつづけたなら、時を空費したとは言えません。僕はこの神秘と取り組んでいます」

私にとって人生は未知な人間の姿をとって現れた。とくに乞食、狂人、酔っ払い、好色漢、乱暴者、身障者、犯罪者などは、神秘というより恐怖だった。彼らもまた自分と同じ人間ならば、心のうちに思想といえないまでも人生に対する何ほどかの思いを抱いているに違いあるまい。それがすぐ解けないまでも、異形な外見に負けることのないように、せめて彼らから視線をそらすまい。それが私の未知な人生に踏み出すための心構えだったから、ドストエフスキーの作品群はちょっと過激だったが、最良の教科書だった。登場人物たちのようなドラマチックな人生はありえようはずがなかったが、人生で出会うさまざまな人間たちと臆することなく対峙できる気がした。

反対に清水氏は、自らいうように、ドストエフスキーの文学空間を「人生そのもの」と考えており、当時読んでいたポール・ヴァレリーが描くところのテキストに住み着いた「テスト氏」になぞらえるようでもあった。モーリス・ブランショは『文学空間』(現代思潮社・粟津則雄ほか訳・一九六二年刊)において、作品のもつ「本質的孤独」について語っている箇所で、ヴァレリーを批評してこういう。

「この世という散り散りの全体が、作品という唯一の全体の持つ厳密さから、彼の注意を外らせるのだが、彼は既に、愛想よく、それから外れるがままになっていたのだ」

「作品——芸術作品、文学作品——は完結しておらず、未完結でもない。作品は存在している。作品が語るのは、もっぱらそのこと、つまり、それが存在しているということであり、——それ以上の何ごとでもない」「作品を書くとか読むとかして、作品に依存して生きる者は、存在（エートル）するという語しか表現せぬものの持つ孤独に属する」

あれから三五年以上たった今日、清水氏が相変わらず熱くドストエフスキーを論じている姿を目の当たりにするとき、氏の存在の意味について真剣に問う必要があろう。少し見方を変えてみよう。

アイデンティティという心理学用語がある。一般に「主体性」「自我意識」「存在証明」などの意味で使われる。この用語の生みの親であるE・H・エリクソンは、『青年ルター』や『ガンディーの真理』などの著書を通して、自己が他者や社会と共通の心理基盤に立つことから、さらに「全人類的同一性」にまで語の意味を拡げている。とくに後者の本で、エリクソンはガンディーの「非暴力」の思想が歴史上でその「真理の力」を発揮することによって、「全人類的同一性」を獲得していった過程を解き明かしている。多くの青年は「この世という散り散りの全体」の中で、自己が他者や社会と共通の心理基盤に立つことを願って、未知な人生に一歩を踏み出す。一方、清水氏は「作品という唯一の全体」の中で、ドストエフスキーの真理という「全人類的同一性」の獲得を願って、人生の一歩を踏み出した。氏の最低の読者である私には、氏が青年期あるいは中年期にどのようなアイデンティティの危機に見舞われたか定かにできないが、今日、危機を乗り越えて全集を発刊するに至った。

清水氏は『ウラ読みドストエフスキー』（清流出版・二〇〇六年刊）の第二章「ドストエフスキー〈社会主義批判への予言〉」で『悪霊』の登場人物ピョートルの「悪魔性」を解き明かすことを通して、ロシアの社会主義革命の一大ペテン性を詳述している。氏はこう述べている。

「スターリンが権力の座に座るために、そして権力の座に居座り続けるために、いったい何人の政敵や反対者を毒殺、処刑、流刑に処したかを振り返ってみるなら、ピョートルの悪魔性は、かなり現実味をおびて浮きあがってくるはずである」

氏は処女批評集でもピョートルについてふれており、「彼には神というものがない。又求めようともしない。強いて言えば、共産主義思想が彼の神である。その未来の社会を実現する為には、いかなる事にも恐れを抱かない」（『悪霊』）と述べている。氏は最初からすべてお見通しであったというだろう。そうかも知れない。しかし、氏が全集の発刊に踏み切ったということは、思想のお見通しよりも作品の存在の語りに耳を傾けてほしいということだろう。私はそう思いたい。

「あちら側」のドストエフスキー論

自費出版で本を出す人は大勢いる。現に専門の出版社も結構繁盛している。しかし、自ら全集を自費出版する人はそう多くはいまい。しかも、『ドストエフスキー論全集』である。その御仁が清水正氏だと聞けば、氏の仕事ぶりを知る人は妙に納得してしまいそうだが、ちょっと理由の周辺を（断片的だが）考えてみた。

氏の本が全集になって喜ぶのは、どんな人だろう。もちろん、氏の愛読者は大喜びし、氏もとうとうそんな年齢になったか、と感慨もひとしおであろう。私は氏の古い友人だが、あまりいい読者ではない。しかし、氏との交友関係が密になった近年、贈呈される大部の氏の本を読まずに、ただ本棚に飾って置く訳にはいかなくなってしまった。わずかでも読みかじれば、氏の研究の全体像を手っ取り早く知るには、著者の全集を目の前に置くのが便利だ。

今回の全集に収められるのは、清水氏が三〇代のはじめ三年を費やして完成させた『ドストエフスキー『罪と罰』の世界』である。そう聞いて、私は早速、氏の贈呈本から一九九一年、ドストエフスキー生誕百七十年・没後百十年に鳥影社から記念出版された同書を取り出して、今度こそ読破しようと身構えた。以前、自分の関心の範疇にあった禅のテキストで知られる「十牛図」と『罪と罰』を比較・解読した部分は、熱心に読んだ。しかし、あとは読まずに本棚にしまい込んでしまった。なにしろ一〇〇〇枚の『罪と罰』論である。氏からは何度も読むようにいわれていたのだが……。

氏は酒席などで話がドストエフスキーに及ぶと、氏の考えに反論したいならば、まず氏の本を読んでから反論してくれ、としばしばいった。正論だから、とりあえず氏の熱いドストエフスキー論を黙って拝聴する。しかし、長広舌につい茶々を入れる客人がいると、再び氏の正論が飛ぶ。みな、なぜ読まないのか、と。

三日間かけてようやく読破した鳥影社版『『罪と罰』の世界』は、正直大変おもしろかった。清水氏の批評方法で知られる「テキストの解体と再構築」が新鮮で、力強く私に迫ってきた。例えば、青年時代の私にとって、スヴィドリガイロフの印象は強烈だったが、マルメラードフと比較すれば、人物像として形象化しにくい存在だった。気になる不思議な人物である。清水氏はこういう。

「スヴィドリガイロフとは何者か。それは一度死んでしまった男。だから彼は幽霊なんですよ」

私は「第十四章　スヴィドリガイロフの謎」を読み終えて、長年のうやむやが解消した。氏の言葉を借りれば、読者の多数がスヴィドリガイロフに感じる「のっぺらぼう」、それこそが幽霊の正体なのである。その論証の手つきがとても鮮やかで、氏の「テキストの解体と再構築」の方法がよく飲み込めた。それを氏はこう説明する。

「私がより以上にリアリティを感じるのは、復活しないラスコーリニコフであったり、自殺しないスヴィドリガイロフであったりするのだが、これは作品を絶対として、それをそのまま認めようとする傾向に反して、もっと自由に読者の側の想像力を解放していこうとする気持がはたらいている。批評は対象としての作品がまず存在しなければ展開しようもないが、その前提条件を認めた上で、かぎりのない可能性を展開することはできる。作品をダシにして自己を語るというよりは、作品をダシにして想像力を発揮しようというわけである」

清水氏の批評は、この「規範」に忠実なのである。氏はこの「規範」の上で、ラスコーリニコフの復活の是非をめぐって、作者ドストエフスキーに挑むのである。その挑戦はすでに処女作『ドストエフスキー体験』（清山書房）の「I　罪と罰」において次のようにはじまっている。

「ラスコーリニコフの更生は、作者ドストエフスキー自身の悩める形而上学に一つの解決を与えるため意図的になされたものでしかない。ラスコーリニコフの更生を一番信じたいのが作者であるとすれば、全く信じていないのも作者である」

しかしながら、氏のこうしたどこか気負いの感じられる言葉に触れると、「作品を絶対として、それをそのまま認めようとする傾向」をもった研究者や読者は、氏が「作品をダシにして自己を語る」批評家と錯覚してしまいがちになる。残念ながら、作品絶対派はアカデミズムやジャーナリズムだけでなく、社会全体にはびこって、作品想像派を絶対（真理や真実など）から遠い存在あるいは絶対を惑わす輩だと思っている。

みな、清水氏の著作をなぜ読まないのか。研究者は氏の著作で論証した真理を使ったのに、なぜ参考文献にその著作を挙げないのか。私はときどきそんな氏の憤りを耳にし、その理由を考えてきたが、なかなかわからない。

今回、氏の『『罪と罰』の世界』を読んで、「もっと自由に読者の側の想像力を解放していこう」という言葉にハッとした。作品絶対派は絶対にそう考えないのである。むろん、作品批評(テキスト・クリティック)はそれに似ているが、「読者の側の想像力」でなく、「読者の側の絶対」に立つ。チェーホフや宮沢賢治などの作品をテキストにして、学生たちにその登場人物を自由に演じさせる、といった氏のユニークな授業もまた、氏の想像批評の一環として行われているのだろう。それは素人芝居とは一線を画した、想像批評を土台にした新しい演劇なのだ。

清水氏の批評活動に対する無理解に似た現象が、実はウェブの世界でも起きているらしい。梅田望夫著『ウェブ進化論——本当の大変化はこれから始まる』(ちくま新書)によれば、「知の世界を再編成する」といわれるグーグルの凄さは、ネットの「こちら側」から「あちら側」へパワーシフトしたことである、という。「こちら側」がインターネット利用者のフィジカル(ケータイ、カーナビ、コンビニのPOS端末など)な世界とすれば、「あちら側」は「インターネット空間に浮かぶ巨大な情報発電所とも言うべきバーチャルな世界」なのである。そこでなにをしようとするのかといえば、「まだ何者でもない不特定多数に参加機会を与え」、新しい「創造」に挑戦させて、「総表現社会の到来」を実現させるのだ。そうなれば、「こちら側」の住人は安穏としていられない。

「メディアの権威側や、権威に認められて表現者としての既得権を持った人たちの危機感は鋭敏である。（略）内心穏やかでいられないのは、幾百万、幾千万という新規参入の母集団における圧倒的な数の論理が、その背景にあるからである」

しかし、「あちら側」の量は多数でも、「創造」は玉石の「石」なのだから、と「こちら側」は無視を決め込む。たとえば、ブログの現状を見れば納得できよう。しかし、近い将来、この構図は崩れよう、というのが梅田氏の主張である。

私はこの新書を読んで、清水氏の批評活動を思い起こさざるを得なかった。アナロジーでなく、例えば、全集はまさしく「巨大な情報発電所」ではないか。想像批評の「あちら側」で「もっと自由に読者の側の想像力を解放していこう」という氏の主張は、梅田氏の主張と重なり合う。清水氏の想像批評がどのような「玉」を生み出しているかは、別の機会に語りたいが、私は氏の批評を勝手に誤解していたようだ。というより、「こちら側」の論理で氏の本を読まない、つまり、インターネット（想像批評）を使わないで、「あちら側」の世界をつべこべいうようなものである。でも、氏の相貌（顔も文体も）が「あちら側」の想像力あふれた一読者というよりか、「こちら側」の絶対的な権威者みたいに見えてしまうので、つい読書の手前でたじろいでしまう。これも本当である。

では、どのようにして「あちら側」にいくための技術を身につけたらいいのか。清水氏の場合、パソコンの操作技術に相当するのが、想像批評の「規範」だろう。それを頭に叩き込んでから、氏の大部の本に取り掛かるのだ。そうして私は、氏の『罪と罰』の世界』を江川卓氏の「謎解きシリーズ」よりはスリリングに、好奇心のパワーを全開にして、最後まで読み通すことができた。氏の想像力の翼が大きく、力強いばかりでなく、小回りのきく柔軟性に富んでいることも知った。例えば、以下のような文章を読めば、私の印象が決して大袈裟でないことを理解していただけよう。

「私は最初ラズミーヒンについて書くにあたり〝ぶりっこラズミーヒン〟と題名を考えたぐらい、彼はある一つの〝事実〟に関してぶりっこを決めこんだ。その〝事実〟とは今さら言うまでもないラスコーリニコフの〝殺人〟である。ラスコーリニコフがラズミーヒンに対して〝殺人〟を秘密にしたように、ラズミーヒンもまたラスコーリニコフに対する殺人の嫌疑を秘密にした。しかもラズミーヒンはその自らの〝秘密〟に無自覚である。彼は自らの暗い内部の世界に降りていくことがない」

これが清水氏の「規範」に従って想像した、つまり作者ドストエフスキーによって内的独白を許されなかったラズミーヒンの内部世界のありようである。氏は「作者による客観的描写や他人との会話等によって、読者が自ら想像するより他はない」という。氏の「規範」はただ単に「作品をダシにして自己を語る」ことを許さない。想像批評は厳密な操作技術を要求するのである。

全集は氏が長年に渡って積み重ねてきた「巨大な情報発電所」であると同時に、本好きの大勢の読者に開かれた「想像批評の操作技術」の詰まったマニュアル集でもある。時間がかかっても、大勢の人々に読んでもらいたい。でも、老人の私は急いで「あちら側」に渡らないと、別の「あちら側」からお迎えがきてしまう。

続・「あちら側」のドストエフスキー論

前に、清水正氏の『ドストエフスキー論全集』の第三巻「『罪と罰』の世界」栞で、「「あちら側」のドストエフスキー論」を寄せさせてもらった。そこで、「もっと自由に読者の側の想像力を解放していこう」という清水氏の「テキストの解体と再構築」批評に対する無理解に似た現象が、ウェブの世界でも起きているようだ、と述べた。梅田望夫著『ウェブ進化論――本当の大変化はこれから始まる』（ちくま新書）を参考にして、「インターネット空間に浮かぶ巨大な情報発電所とも言うべきバーチャルな世界」である「あちら側」では、「まだ何者でもない不特定多数に参加機会を与え」、新しい「創造」に挑戦させて、「総表現社会の到来」を実現させつつあることを紹介した。しかし、一般社会では、実現に懐疑的であるばかりか、無理解がはびこっている、という。それは清水氏の批評活動を思わせるに十分で、清水氏の全集は「巨大な情報発電所」に匹敵すると述べたのだが、『全集』第四巻「手塚治虫版『罪と罰』を読む」を読んで、ますますその意を強くした。

前回の栞で、清水氏がチェーホフや宮沢賢治などの作品をテキストにして、学生たちにその登場人物を自由に演じさせるユニークな授業を紹介したが、「手塚治虫版漫画『罪と罰』と原作『罪と罰』の違いを徹底検証」と「学生と読むドストエフスキーの『罪と罰』」の二つのサブタイトルを付けた近年発行の雑誌『ドストエフスキー曼陀羅』(文芸学科の講座「雑誌研究」発行)もまた相当にユニークである。そこでは氏の「手塚治虫版『罪と罰』を読む」が雑誌の芯になっているのだが、その論文をはさむ形で、氏の講座「マンガ論」「文芸批評論」「雑誌研究」を受講した学生たちのレポート六〇余編が掲載されている。氏の眼鏡(「テキストの解体と再構築」による想像批評)にかなったレポート群だが、どれも学生の想像力が自由に羽ばたいている佳品である。ウェブの世界に引き寄せていえば、良質な活字版2ちゃんねるを見ているようだ。権威的な「こちら側」の文芸作品研究の規制にとらわれることなく、学生たちは自由に語っている。「あちら側」では、教師は学生の能力を「信頼」しなければならないのだが、学生たちが「信頼」に応えて、自身の想像力を行使するためには最低、分厚いテキストを読まなければならないことは、断わるまでもない。

今回の手塚版『罪と罰』と原作の比較検証は、清水氏の「テキストの解体と再構築」という想像批評のおもしろさを、清水本の読者に対して平易に伝えることができたように思う。同時に、氏の批評に対する「こちら側」の無理解の原因も、いくつか推測できるのではないか、と勝手に考えている。その理由の一つが比較検証の対象が漫画、しかも代表的な漫画家である手塚漫画にあることだ。漫画は読者の想像力をかなり自由に羽ばたかせてくれるメディアに思われるが、かなり「こちら側」の規制にとらわれている。例えば、雑誌『ドストエフスキー曼陀羅』で散見される、学生の吉本竜太郎君の「手塚漫画においては、キャラクターを架空の俳優が演じるという「スター・システム」が存在している」という指摘や、あるいは、田口加奈さんの「マンガというものは、絵・言葉はもちろん大事だが、それと同様にカット割りも大きな役割りをしめていることに違いないだろう。彼（手塚）のマンガの中ではそれが一切考慮されていないような気がしてならない」という意見などは、「こちら側」（商業主義）の読者に受け入れられるための技法（一種の規制といえよう）が想定されている。手塚はそれらの技法を駆使して読者を楽しませているのだが、技法はドストエフスキーの作品に較べれば、非常に解体しやすい。だからこそ、清水氏は本書の「漫画の描き方」の項目で、手塚が漫画の特徴とする「省略」「誇張」「変形」について取り上げ、複雑な原作と比較しながら、「解体」の方法がもつ深い意味を披露することができた、ともいえよう。ふだんの清水氏にとって、それは同時に、読者が見過ごしがちな原作の細部を生き生きと再構築する、批評家の孤独な営みでもあった。

今回、清水氏は手塚漫画を比較対象したことによって、氏が意識するしないにかかわらず、「こちら側」の読者に目線を送る場面が増えたように思う。漫画版『罪と罰』における「テキストの解体と再構築」の主人公は手塚治虫であるが、そこで扱われるテキストは清水氏が長年研究してきたドストエフスキーの『罪と罰』である。だから、この建築現場では、手塚が漫画の大家であっても、清水氏が大工の棟梁であり、手塚が新米の大工である。テキストの建物にはどんな材料が使われていたか。二階部分はどのように建てられたか。再構築されるためには、いろいろなことを学ばなければならない。

「おい新米、書斎を建てないで、どうバランスを取るつもりだ」

「親方、裏口を広くしようと考えていますが、どうでしょう」

親方は弟子の手取り足取りして、おっかなそうだけど、丁寧に説明してあげる。読者もまた、弟子といっしょになって教えてもらう。ふだんは仕事に打ち込む職人といった風情で、清水氏に声もかけづらかったのが嘘のような情景が展開する。氏は前出の雑誌に掲載された文芸批評家の山崎行太郎氏との対談で、こう語っている。

「僕はテキストを読んで読んでね、解体して再構築していくから、そのプロセス自体が僕にとっては創造的な批評行為なんですよ。もう一つの物語、いや一つどころではなく、二つ三つの物語を作る、再構築をしていくという批評ですから、僕は小説をかかなくてもよくなっちゃったんですよ」

本書は清水氏の「テキストの解体と再構築」という想像批評を学ぶ最高に平易な入門書である。同時に、清水本に共感する「あちら側」の読者から「こちら側」の規制に嬉々として従う一般読者までに、氏の批評の醍醐味を味わせてくれる。規制（商業主義の技法から学会のルールまで多種多様）に従う読み方は、確かに低俗で、どこまでも権威的であるが、まだ必要不可欠である。やがて、そこから読者は解放されて、「テキストを読んで読んで」、物語を再構築することが当たり前の時代がくるだろう。例えば、米グーグルが進めてきた書籍検索サービスが始まれば、ドストエフスキー作品はもちろんのこと、ほとんどの本の全文検索が可能になる。「あちら側」では、本文の引用は自由である。規制された「こちら側」の引用が意味を失うとき、清水氏の自由な引用から学ぶことが多くなるだろう。「あちら側」では、氏は私たちの誰よりも一歩先を歩んでいるのである。

「世間」にとらわれない男

清水正氏とは、いったいどんな男だろう。学生時代からのつきあいだが、いざまじめに考えると、案外にわからない。氏と似た人物をすぐ思い浮かべられないという点で、清水正は清水正、文字通りの「個性的」な人間である。「過剰な人」という評があったが、そういうタイプの人間がほかにいないわけではない。

一時シンガーソングライターをめざしていた長男が、小さなライブハウスのコンテストに出場したことがあった。ライブハウスが私の勤務校の近くにあったので、清水先生をはじめ同僚数人に息子の応援にきてもらった。終演後、近所の飲み屋でささやかなお礼の宴をしたとき、清水先生が雪降るさびしい青春を歌った息子の曲をこう批評してくれた。

「言葉の雪が降っているだけで、冷たい本物の雪が降っていない」

先生の批評はいつものように、相手を取って食いちぎりそうな大声で、しかし熱のこもった長広舌だった。息子は父親の噂に聞く清水先生をはじめて目の前にして、えらく緊張してハイハイとうなずいていた。帰宅後、私は息子に「どうだ清水先生はお父さんのいったとおりの人だろう」といった。ふだん私が息子にどのようにいっているかは家族の秘密だが、息子は「織田信長みたいな人だね」といい、「戦国時代だったら、おしゃべりな父さんはもう切り殺されていたね」と笑った。

清水正は織田信長である。息子がどのような共通点を二人に見ていたかはわきにおいて、ちょっと引かれる点もありそうだ。文芸批評家の秋山駿は『信長』（新潮社）で、信長をして「その発想は非凡であり、その行動は到る処で独創に充ちている」とした。「同時に、もっとも不思議な、もっとも不可解な男であった」ともいう。彼をそうさせている最大の特徴が「（信長には）どだい、言葉が、無い」ことである。「しかし、と人は言うだろう、言葉の代わりに、行動が在る、と」。さらに続けて、私は一人の人として、「言葉のない非凡な行動は怖い」と思う。

清水氏は言葉の人である。信長が非凡な行動によって戦争に長じているとすれば、清水氏は非凡な言葉によって批評に長じている、といえよう。二人が「非凡な」のは、「世間」に対するときの「行動＝戦争」であり、「言葉＝批評」である。清水氏に話をしぼれば、氏はたぶんドストエフスキー論を自費出版したときから、「世間」（この場合は出版業界、学会、ひいてはマスコミ、ジャーナリズム、アカデミズム）を信用していない。私は氏が『ドストエフスキー論全集』を自身で刊行しはじめたとき、全集が氏の四〇年間におよぶ「世間」との闘いを通して得た結論である、と確信した。私は清水氏と比較すれば矛盾だらけの人間なので、学会に入りたがらないのに、アカデミズムに籍をおき、マスコミを軽く見ながら、自著が書評で取り上げられると大喜びする。

「世間」（なりわいの苦楽をともにする集団）のルールや掟に従うことに、すっかり麻痺しているのだ。清水氏は私と正反対の人物である。

阿部謹也著『学問と「世間」』（岩波新書）に、こんな興味深い文章がある。

「研究者はその初めは個から出発する。（中略）個として出発した研究がやがて個ではなく、一種の「共同体的な営み」として自覚される段階がくる」

阿部は「共同体的な営み」を「個人の教養の広がり」とし、あえて学会などではなく、いわゆる学際（隣接する学問を取り入れて研究する）を指しており、「私念としての傲慢さ」から抜け出ようとする営みとしている。私は「自費出版」（「公」に問う）をそうした営みに含めたいと考えているのだが、そう強く考えさせたのは清水氏の「自費出版」である。四〇年におよぶ氏の営みは、「世間」にとらわれないで、いかにして「私念としての傲慢さ」を「公」と拮抗させるか、ということではなかったかと思う。私は冗談に「古書店で先生の本にいい値段がついてますよ」というと、氏も「本が厚いから、といいたいのでしょう」と切り返すが、清水氏は自身の言葉を「世間」に消費されることなく、後世に残すことに成功したのである。

続・「世間」にとらわれない男

同じテーマを蒸し返すのは気が引けるが、「世間」は清水正氏を語るとき避けて通れない、と勝手に考えている。以下の引用もまた、前回と同様、阿部謹也著『学問と「世間」』（岩波新書）からである。

「学校教育の中では西欧的な個人意識に基づいて、自分が正しいと思ったことはどこまでも主張し続けろと教えられながら、現実の社会においては「世間」のしがらみに巻き込まれている。知識人たちは西欧の学問を受容し、自己が西欧的な個人、つまりインディヴィデュアルであると思いなし、その立場で論文や評論を執筆しているが、日常生活の中の現実の自分は「世間」の中でその情理に合わせて生きているのである。執筆内容と現実社会との間の乖離が進行していることに、ほとんどの知識人は今日においてなお気づいていない」

私は一〇年前、当時学科主任だった清水氏の力添えで、助手以来約三〇年ぶりに母校の芸術学部に教授として戻った。助手時代、教授会のメンバーは二、三〇人だったが、現在は一〇〇人近い大所帯である。教授会の議題は承認を前提としたようなもので、だから議論が交わされることは希有で、あれば必ずといっていいほど清水氏の疑義から始まった。私自身もその一人だが、大半の教授たちは「（教授会という）「世間」の中でその情理に合わせて生きているのである」。これは特筆に価することだから、清水氏は例外であった、と記しておきたい。氏は「世間」にとらわれない男なのである。

子ども時代、学校教育の有無にかかわらず、子どもたちの頭に宿る思いは、「自分が正しいと思ったことはどこまでも主張し続けろ」で、私たちは「世間」とは無縁なところから出発したのではなかったか。さらに、前回の拙文の言い回しでいえば、私たちは「私念としての傲慢さ」から出発し、「「世間」のしがらみに巻き込まれ」ないで、「個人の教養の広がり」としての「公」に抜け出なければならない。そのことに成功したのが清水氏で、その証拠が「公」としての『清水正・ドストエフスキー論全集』である。

阿部謹也著は知識人を中心に論じられており、実際、彼らは「論文や評論を執筆している」ことに「公」を残していると自身考えているが、知識人でない一般人に「公」がどこかに残されているだろうか。私は残されていないと思っている。知識人の多くもまた、彼らの「執筆内容と現実社会との間の乖離」を考えれば、残されていない。だからこそ、清水氏の自費出版による「全集」が、私たちの「「世間」のしらがみに巻き込まれ」ている悲惨な現状と、知識人の狡猾なごまかしを告発しているように思えてならない。

私は前回の拙文で、文章をこう結んだ。

「清水氏は自身の言葉を「世間」に消費されることなく、後世に残すことに成功したのである」

この言い回しは、氏の文章が「世間」に迎合することがないということだが、同時に難解だということでもある。前回指摘したように、四〇年におよぶ氏の文学的な営みは、「世間」に巻き込まれることなく、「私念としての傲慢さ」を不断に「公」と拮抗させてきた。だから、難解さは「私念としての傲慢さ」にはなく、「公」にある。それは外部的には自費出版活動だが、内部の「執筆内容」からいえば、阿部著のいう「共同体的な営み」であり、「個人の教養の広がり」である。本書（『全集』第六巻）に収録された「ドストエフスキー『悪霊』の世界」でいえば、W・ジェイムズ、スピノザ、サド公爵と清水氏との対論を通した「共同体的な営み」と「個人の教養の広がり」を指す。清水氏はしばしば氏の世界とドストエフスキーの世界を厳しく峻別することにこだわるが、それは氏に確固とした「清水正の世界」があるからである。ドストエフスキーは「清水正の世界」において主賓であるが、対論の相手としてはスピノザたちと同格である。

半年前、勤務校のある江古田の飲み屋で、清水氏の哲学的長広舌に、数人の同僚たちといっしょに酔い痴れたことがある。そのとき、私が酔い痴れたのは、長広舌を通して見えた「清水正の世界」の恐るべきイマジネーションであった。氏の話の中心は「神」で、本書でも主要なテーマだが、氏の言葉でいえば、氏は古代ギリシャの詩人ソフォクレス（悲劇『オイディプス王』の作者）とテニスの試合をしている、という。ボールが「真理」で、ネットが「キリスト」だ、ともいう。

「いま自分が優勢だ」

と清水氏はすました顔でいう。

本書収録の「ドストエフスキー『悪霊』の世界」で、「神＝自然」「自然＝不可避的必然性」の是非をめぐって、氏は先の哲人たちと対論しているが、それは氏においてまさしくテニスの試合そのものなのだろう。相手にいかに鋭いボール（真理）を打ち込むか、それもネット（キリスト）に引っかからないようにしなければならない。この目に見えるような比喩は、とてもわかりやすい。

帰路、互いの自宅の方角が同じなので、混雑する常磐線の中で、私は清水氏のテニス試合の進行をさらに拝聴した。私もいつかテニス・コートの近くににじり寄って、清水プレイヤーの一挙手一投足に口をはさむ。ゲームはいつの間にかダブルスになって、ドストエフスキーとオイディプス王が加わっている。観客にも『悪霊』の登場人物やマンガ『ドラえもん』の仲間たちが集まって、てんでに歓声をあげている。氏の近著『世界文学の中のドラえもん』を読めば、ドラえもんが「清水正の世界」においてドストエフスキーと同格であることがわかる。

上野駅から松戸駅までのわずか二〇分弱の間だったが、試合観戦は最高の時間だった。本書もまた数多くのゲームを用意している。私たちはむずかしい試合を敬遠しがちだが、たまには「世間」から離れて、ゆっくり「清水正の世界」のメイン・イベントを楽しんでみたらどうであろうか。

両眼を潰さないオイディプス王

インドでは盲目の吟遊詩人をスーラーという。たいてい粗末な弦楽器を手に路傍に坐って、神の物語を歌う。ときには意図的に両目を潰されてしまった不運な貧困への呪詛が、神の言葉を借りて歌われることもある。

清水正氏の「オイディプス王」解読（『全集』第七巻）を読んでいて、若い頃にインドで出会った盲目のスーラーを思い出した。清水氏の近年の作品には作中、現世の風がときおり吹き込んでくる箇所があり、思い出の旗がはためく。半世紀前、新宿・花園神社境内の紅テントで上演された唐十郎の「腰巻お仙」で、とつぜん舞台正面のテントが巻き上げられ、戦争直後の廃墟に大都会の光が差し込んできたときのように。

北インドの荒涼とした大地の土くれに、私は村の青年と二人並んで尻をつけて、ボーっと地平線をながめていた。青年が一人つぶやく。

「犬でさえこの土地から自由に出ていくことができるのに、神はぼくをこの貧困の大地にしばりつけておく」

青年はカースト（インドの階層社会）の最底辺に産み落とされ、赤貧にもがき苦しんでいた。ヒンズー教の神々はカーストと表裏一体の関係にあって、青年が神の下した運命に勤勉に従うよう諭して止まない。古代ギリシャの民が選び取った平等主義と正反対のカーストというヒエラルキー（階層制）の下、インドの民は三〇〇〇年にわたって神々の声に従ってきた。そうしたインドの民の一人である村の青年がカーストのくびきから自由になるためには、二五〇〇年前にゴータマ・シッダールタがブッダ（目覚めた人）を目指したように、現世放棄者となって神々に挑戦するしかない。

清水氏はしばしば「ぼくにはすべてがありありと見えている」という。正確な言い回しでないかも知れないが、私は「すべて」とは森羅万象の法（ダルマ）と解釈している。氏の「オイディプス王」解読は三〇〇〇年の時空をワープして、運命を下したオイディプス王の神々への挑戦を「虫の目」で仔細に点検する。しかし、「鳥の目」を失念しているわけではない。たとえば、こんな言葉がある。

「ニーチェの永劫回帰思想はキリスト者にとってはダーウィンの進化論に匹敵する衝撃であったかもしれないが、輪廻転生の仏教思想に慣れ親しんだ者には親和的な思想である」

ニーチェもまた現世の法に従わない現世放棄者である。いずれにしても、すべてが見えている清水氏の近年よく使う批評の技が、作者の背後に忍び寄って、作者の神まがいの差配を白日の下にさらすことである。紅テント劇場の作者・唐十郎は背後の幕を自ら巻き上げて外の世界を見せたのだが、清水劇場では清水氏自らが幕を開いて、テキストという舞台に強烈な批評の光を浴びせる。

舞台のオイディプス王は、自ら犯した近親相姦の事実を知って、両目を潰す行為に出る。多神教から一神教へ時代が移り変わる中、近親相姦のタブーという使命を帯びた英雄の悲劇がクライマックスを迎えたわけだが、唯一神が明瞭な姿を見せないために、オイディプス王の不可解な行動が目立つ。清水氏はそこに光を当てると、作者ソフォクレスの限界を踏み越えて、オイディプス王に密着する。

「オイディプスは自らの両目を潰しても、自らの内部の闇に踏み込んでいくことはなかった」

そう考える氏は、両目を潰さないオイディプス王を自ら演じるようにして、やがてくる唯一神に挑戦する現世放棄者の道を探し求める。

私は知的なスリルに満ちた本書を楽しむと同時に、テキストの中に光を背に姿を現した未見の清水氏に大きな興味を抱いている。実際、氏がこんなことをいうとは、想像だにしなかった。

「日本人の大半は人間ごときの存在ではどうすることもできない、大いなる運命のもとにあって、占いを娯楽にして楽しむことのできる寛容な精神を生きている」

批評としての「スクラップ・アンド・ビルド」

第一五三回芥川賞の受賞作が羽田圭介氏の『スクラップ・アンド・ビルド』に決まった。タイトルのことばは近年、ビジネス用語などでよく使われているので、私は「文学作品のタイトルとしてはちょっとユニークだな」と感想を抱いた。と同時に、「待てよ、どこかで聞き覚えがあるぞ」と思い出したのが、清水正教授の『清水正・ドストエフスキー論全集』だ。八冊目になるこの全集は、ドストエフスキー作品の清水教授による「解体と再構築」、いわば「スクラップ・アンド・ビルド」半世紀の集大成である。

ビジネス用語の「スクラップ・アンド・ビルド」(以降、S&Bと省略)は、一般に老朽化で非効率的になった工場設備や行政などの組織を廃棄あるいは廃止して、新しいものに変えることで、生産設備や行政機構などの集中化、効率化を実現することをいうようだ。受賞作は「早う死にたか」と毎日ぼやくスクラップ化した祖父と転職目指してビルド中の孫との関係を通して、いわば人間版S&Bを暗喩的に描いて、家族の再生物語を誕生させた。一方、清水教授が半世紀にわたって挑戦してきたS&Bは、物語における遠回しな暗喩でなく、文学における本格的なS&

Bである。教授は古く定番化したテキストの読み方を「解体」し、テキストを新しい思いがけない物語に「再構築」した。

この清水式S&Bは、教授がよくいう「まずテキストをきちんと読む」ことからはじまる。というより、多くの読者がこの原則をしっかり守らないから、例えば、『白痴』のムイシュキン公爵の前身が『罪と罰』のスヴィドリガイロフではないか」というような教授の指摘にとまどってしまうのだ。ま、こういう言い方のほうが教授にふさわしいが、いずれにしても、私は「テキスト・クリティック」という批評方法を「深層テキストの読みの問題」として精密・丹念に深めた文芸批評家を教授以外に知らない。

一九六〇年代から七〇年代にかけて、文芸批評の方法に新しい流れが目立つようになってきた。いわゆる読書経験、人生体験、芸術鑑賞などの経験的な直感にたよった「印象批評」にかわって、文学作品の構造・形式などの解釈・分析に重点を置いた「テキスト・クリティック」が批評の中核になった。といって、そうした文芸批評が流行したというのでなく、「ニュー・クリティシズム（新批評）」とか「ロシア・フォルマリズム」といった包装紙につつまれて、欧米文学研究者によって少しずつ翻訳紹介された。その流れは現代まで続いており、いくつもの支流に分かれているようにも見えるが、いまもって「テキスト・クリティック」が本流である。

しかし、私には、この新しい流れの批評の多くが文学作品の構造・形式などによって、単に「印象批評」の成果を重ねて裏付けているようにしか見えない。半世紀前、文芸批評家の進藤純孝先生（故人）が大学の研究室にいたころ、川端康成の文学の特徴を「母胎希求説」と批評したことがあった。それは『雪国』をテキストにして導き出したものだったが、先生は私に「こういう説はどの作品にもいえて、あまりおもしろくないね」といった。当時（現代も？）、文学関係者の間では、テキストをダシにして批評家自身の感想を巧みに綴る「印象批評」の人気が高かった。そのころ大学生だった清水教授は、「印象批評」の代表格だった小林秀雄を真剣に読んでいたが、「やがて小林の批評の文体が鼻につくようになった」（「ドストエフスキー放浪記」、『ドストエフスキー曼陀羅　5号』所収）という。そして、「さらば小林秀雄」になるのだが、教授はその理由について、小林がドストエフスキー研究をライフワークにしながら重要な初期・中期の作品を批評していないことを指摘して、こういう。

「わたしはドストエフスキーの全作品を対象にしてドストエフスキー論を展開しようとしていたので、もはや小林秀雄の批評は過去のものとなっていたのである」

小林がテキストを恣意的に選んで、凝った文体で「印象批評」するとすれば、教授は全テキストの「表層」を「解体」し、「深層テキスト」を「再構築」して批評する。確かに私たちはテキストの「表層」を読んで、定番化した読後感想を抱くことに満足してきた。しかし、清水式S&B批評が明かしてきたように、テキストの「深層」には思いがけない物語、人物、意味、謎、光景などが横たわっている。そのことを素直に理解しているのが教授の教え子たちだ。教授は雑誌『ドストエフスキー曼陀羅』を発行して、彼らが果たした肉体労働なみの読書のよろこび、新鮮な感想、人生の新発見などであふれたドストエフスキー論を毎年発表している。近年、学生たちが本を読まなくなったといわれるが、彼らは評価の決まってしまった教養書を決められたように読むことが嫌なので、好みの本には熱中する。新しい発見が約束されている読書ならば、彼らは嫌がらないだろう。そのことを教授が証明して見せた。

清水式S&B批評の詳細は、この『清水正・ドストエフスキー論全集』を読んで知ってもらいたいが、「テキスト・クリティック」がメタ文学理論に傾いている今日、教授のそれが文芸批評の世界に何をもたらしてきたかを考える必要があろう。やはり文芸批評の王道は作品自体を批評することだろう。しかし、「テキスト・クリティック」において考慮しなければならない問題は、「テキスト」とは何かということで、それがイコール作品自体にならないことだ。教授は先の文章で、「わたしは批評に対して貪欲なので、作品自体を批評することが、作家研究や読者論を排除することにはならない」と述べているが、私はそれこそが「テキスト」の定義だと思う。「作品自体」は物理的には不変だが、内容は読み方によって変わる。作品の背後に作者の人生や思想を読む人もいる。しかし、「作品自体を批評すること」のルールからはずれてはなるまい。教授はそのルールを守りながら、つまり「まずテキストをきちんと読むこと」を守りながら、清水式S&Bによって、作品の背後に作品（「深層テキスト」）を探り出した。

いずれにしても、「作家研究や読者論を排除」しないで、しかも純粋に「作品自体を批評」できたことが、「さらば小林秀雄」になったのだろう。というより、私には、小林秀雄が独断と偏見に満ちているといわれようとも、「作品自体を批評すること」の意味を提示したとすれば、清水教授はその文学的な意味をさらに哲学的にも深めたように見える。

文学という出来事

今年（二〇一八年）の夏、清水正先生は自身のブログで、こうのべている。

「ドストエフスキー論を書き続けることはわたしにとっての運命である。今年でドストエフスキー論執筆五十年となる」

五〇年前、一九六八（昭和四三）年四月、先生は日本大学芸術学部文芸学科に入学、新入生として大学生活をはじめた。こう書き出してみたが、先生の「運命」を知ってしまったいま、こうした履歴の書き方はいまいち落ち着きが悪い。先生の「運命」を知ったからばかりでなく、時代の「運命」を振り返ってみても、先生の学生時代はもっと別な書き方がある気がする。

幸いにこの拙文を書きはじめようとした矢先、「朝日新聞」朝刊に『日大全共闘１９６８叛乱のクロニクル』（眞武善行著・白順社）という本の広告が載った。見出しに「全共闘50年　回想の二冊」とあって、東大駒場全共闘の回想録が併記されていた。そう六八年はいわゆる「日大紛争」のはじまった年で、大学は異常事態にあった。著者の眞武氏は五〇年前、「芸術学部共闘会議」の委員長だった。わたしが彼のことを知っているのは、当時、わたしが芸術学部文芸学科研究室の副手だったからだ。わたしは彼らの運動の終わった翌年の六九年まで、大学側の一兵卒として紛争の最前線に駆り出されていた。キャンパスが戦場になって、新入生は入学と同時に大学生活を奪われてしまった。

そんな混乱するキャンパスで、わたしが学生の清水先生とはじめて会ったのは六九年だと思うが、そのいきさつを話す前に、「日大紛争」について簡単に説明しておきたい。

日大紛争は六八年四月一四日、マスコミが「日本大学には二十億円の使途不明金」があると報じたことからはじまった。これは大学と東京国税局との納税に関する認識の違いに端を発していたが、大学側の説明不足とともに、経済学部の乱脈経理が暴露されたため、学生の大学に対する不信感が増大した。五月二七日、全学部生によって「日本大学全学共闘会議」（略称「全共闘」）が結成され、「理事総退陣」「経理の公開」「集会の自由、検閲制度の廃止」「学生不当処分の撤回」などが大学側に要求された。全共闘の活動は激しく、本部をはじめ各学部の主要校舎が次々とバリケード封鎖されていった。六月一九日、芸術学部もストに突入した。それから八か月後の六九年二月八日、バリケードが機動隊によって撤去され、授業が再開された。

大学側の不始末という点で、昨今世間を騒がせた「アメフト騒動」と重なるところもあるが、日大紛争は全国規模で起こった大学紛争の一つであり、学生たちが騒動に深くかかわっていた。さらに、学生運動が先鋭化し、のちの「よど号」ハイジャック事件（七〇年三月）や連合赤軍事件（七二年二月）につながっていくような、見方によれば思想的な深度をもった大きな出来事だった。

六九年度の新学期は五月からで、なぜか芸術学部の校舎はピッカピカの新校舎だった。全共闘の学生たちがバリケード封鎖した旧校舎の背後で、あらかじめ計画されていた新しい校舎が高い鉄塀の囲みのなかで建てられていた。その間、建物の所有権は建設会社にあって、学生たちが占領することは許されなかった。大学の最高権力者が全共闘主催の大衆団交（「団体交渉」の略）での約束を翌日反故にするなど、権力者のふるまいには学生たちの想定外のことが多かった。

わたしは新校舎の文芸学科棟の学科事務室に机をもらって、そこを研究室にしていた。紛争の過程で、先輩助手や同僚の副手がよその大学に移ったり、学科を変えたりして、いつの間にか姿がなく、わたし独りで学生たちの相手をしているような毎日だった。その年のいつだったか忘れてしまったが、二年生になった清水先生が研究室に顔を出した。「『カラマーゾフの兄弟』論」と題した分厚い生原稿を手渡して、ひとことでいえば、「後日、感想をのべよ」といって帰っていった。そのとき彼がどういう様子であったか判然としないが、ひょろひょろと背の高いからだに、長髪が細い顔をおおっていた。

わたしの当時の学生像は二タイプで、一つ目のタイプは全共闘とその支持者で、行動がアナーキーで、心情が演歌的、理解しやすかった。二つ目は「ノンポリ」（ノン・ポリティック）で、一つ目のタイプに批判的だが、正義感を持て余していた。いずれもが大学側の授業再開に応じて、大学生活を早く取り戻そうとキャンパスを根城にしていた。あえて三つ目をあげれば、大学にはこないで、自分の内に篭城するタイプだ。

わたしは清水先生が三つ目のタイプと決めてかかっていたが、先生に対して非常に大きな誤解をしていた。そのころ愛読していた文芸批評家の小林秀雄が文学青年のよくかかる自意識について、自分の内に棲みついている制御できない龍の譬えで語っていたので、文学青年・清水の龍はドストエフスキーだと思ってしまったことだ。

「猫に小判」は滑稽ですむが、「凡人に天才」の出会いは悲劇だ。五〇年後のいま、わたしは確信したのだが、清水先生は一〇代にして、「文学という出来事」にぶちのめされてしまったのだ。ドストエフスキーを通して「文学」に遭遇したので、逆さまではない。同世代の学生たちが「大学紛争という出来事」で右往左往しているなかで、そうした時代の「運命」をも飲み込んでしまう巨大な怪物「文学」(同じ意味合いをもった「芸術」)と独り格闘していた。当時の先生のなかでは、「文学」と「ドストエフスキー」はどうにも解きほぐせないほど一体化していたようにも思う。「発行日　一九七〇年一月一日」の奥付のある処女作『ドストエフスキー体験』(清山書房)がそれを物語っている。

「ドストエフスキーの作品を自身の存在に関る問題として読んだ事のない読者が、ドストエフスキーの作品評論を何度読み返しても、はっきり言って無意味であるからだ。もちろんドストエフスキーの作品を懊悩し、悶え、額に油汗を滲ませながら読破した者にとっては、なおさらドストエフスキーの作品評論など邪魔くそなものなのだ。私はその事を当然の理として認める。そしてこの事を認めた私にとって、これから書こうとしている『カラマーゾフの兄弟』についての評論を書く必要性は全く消失した。そこで私は何も書かなくともよい訳である。ましてや読んでもらわなくともけっこうである」(同書)

耳に痛いわたしの好きな文章だが、わたしはここから先生の「文学」研究がはじまったと考えている。「文芸批評」とは何か。「文学」とは何か。

実はわたしもまた「文学」とは何かを研究テーマにしていた。実態は上の先生の指摘通りで、後年の先生の批評でいえば、わたしはまずいリンゴを口にしながら、リンゴ一般を口にのせて語る研究者だ。確かにわたしは「文学という出来事」にぶちのめされていなかったが、「文学」一般が歴史の大きな曲がり角にあって、「文学」とは何かを問うことが喫緊のテーマだと直観していた。しかし、日本の文学世界はこうしたテーマを問う「文学理論」を軽視していた。また、先生のようにドストエフスキー文学を通して人間の謎を問う「文学哲学」を無視していた。

最近、英国の文芸批評家テリー・イーグルトンの最新作『文学という出来事』(大橋洋一訳・平凡社)を読んで、上記拙文のインスピレーションを得た。とくに冒頭でイーグルトンがのべた次の言葉は印象深かった。

「大学では教員も学生も、文学とは虚構とか詩とか物語などの言葉を習慣的に使いながら、それらが何を意味しているのかについて講義する準備も訓練もできていない」

これは著者が現代「文学」研究の「状況の異常さ」を語ろうとした一例だが、わたしと同世代

（先生の世代より六、七歳年長）のイーグルトンが「文学という出来事」と題して、隘路に行き詰まった「文学理論」を尻目に、「文学哲学」に活路を見出そうと苦心する本書に、わたしは清水先生の「運命」の五〇年間を重ねてみた。先生の五〇年間の「文学」研究は、先生の言葉を借りれば、「世界文学の地平」で読まれなければならない。

そうそう、この拙文は先生の学生時代の思い出を書く予定だった。話が横道にそれて、うっかり忘れるところだった。簡単に記せば、先生は七二年卒業後、四月から文芸学科研究室の一員となった。学生時代、実体が学生でなく「文学」研究者だったように、先生は雑用係の一員はイヤだといって、自分の机の周囲に仕切りを立てて篭城し、引き続き「文学」研究者となった。以来五〇年間、「運命」のままだ。

義理と公憤

五年前、清水正先生が日本大学芸術学部創設者の松原寛先生について熱く語り始めたとき、私は本当にビックリしました。当時、清水先生は某新聞のコラムで、こんな檄を飛ばしていました。
「古今東西の哲学者を自家薬籠中のものとする松原哲学（宗教・芸術）は深遠な思想を湛えている。二十数冊の著作は現在、絶版だが、是非、『芸術の門』を読んで、松原の煩悶・求道・創造の息吹に触れていただきたい」

私は芸術学部の出身者で、清水先生の先輩でありながら、松原先生の名前しか知りませんでした。それで、呆れた清水先生から「先輩しっかりしてくださいよ」と言わんばかりに、松原先生の著作コピー三冊分を渡されもしました。早速読み始めましたが、どうしてかなかなか読み進めません。後期高齢者の老生には、著作に漲る松原先生の「煩悶・求道・創造の息吹」に抵抗を覚えてしまうのです。

しかしながら、芸術学部図書館長だった清水先生は、全著作を一気に読破するとすぐに、図書館の雑誌『日藝ライブラリー』に松原先生の特集を組んでしまいました。

「江古田の地に集まれし日芸青年たちに告ぐ／煩悶せよ、求道せよ、創造せよ／哲学徒松原寛の苦悶と烈しい探求心を知れ……」（「刊行に寄せて」図書館長）

しかも、長大な論文「松原寛との運命的な邂逅——日大芸術学部創設者・松原寛の生活と哲学を巡る実存的検証——（1）」と「苦悶の哲人・松原寛——日大芸術学部創設者・松原寛の生活と哲学を巡る実存的検証——（2）」を一挙掲載しました。

私は清水先生のこの一連の行動に驚くと同時に、老生にとって、高齢の先生がなぜ「松原寛の生活と哲学」に情熱を注げるのか、これがとても不思議でした。松原先生の人となりについては、清水先生の口から繰り返し聞かされており、また松原先生の彫像が学内の人目に付きにくい所に置いてあり、「ケシカラン」という怒りも頂戴しました。清水先生は生来、義理と人情に篤い人ですが、松原先生に——日芸の大恩人とはいえ——ここまで義理を通すのか、と感動さえ覚えました。

私は「義理」という言葉を発して、同時に清水次郎長一家をカラオケで熱唱する先生の姿を思い浮かべました。しかし、このパブロフの犬のような自分の反応に半ば呆れながら、改めて「義理」という言葉を辞書で引いてみました。引いてみてよかったです。「義理は物事の正しい筋道、つまり道理」という一般的な説明に加えて、鎌倉時代の高僧・慈円の『愚管抄』からこんな言葉の使い方が紹介されていたからです。

「真名の文字をば読めども、又その義理をさとり知れる人はなし」

清水先生は松原先生の著作をしっかり、あるいはきちんと読むように、と学内の友人・知人に執拗に勧めていました。私もその一人でしたが、しっかりも、きちんとも、読めませんでした。どの本も金太郎飴のように、読んでも読んでも金太郎の苦悶の表情が出てくるような印象で、結局きちんとしっかり読めませんでした。

慈円の『愚管抄』は歴史書で、それぞれの時代にはその時代に相応しい「道理」が存在する、という歴史観の本です。慈円は変遷する歴史から「道理」の推移を読み取ろうとしました。上に引用した文章の「義理」にも、そうした歴史観が背景にあるでしょう。しかしながら、上の例文の「義理」は、平易に「わけ」とか「意味」を指すようです。清水先生は松原著作の読者に対して、例文のような感慨を抱いていたに違いありません。だから、「義理」を読み取れない私たちの不甲斐なさに対して、怒っていました。怒りは私憤でなく、天上まで届くような公憤でした。

私は改めて先生の「松原寛の生活と哲学」論を読んで、先生の義理と公憤について考えてみました。納得はできましたが、どこまで理解できたかは、少々心配です。

清水先生は松原先生の著作をすらすら読み進めることができるそうです。事実、「松原寛の生活と哲学」論（以後、「松原論」と省略します）で、「松原寛の文章は一気に読める文体と内容を備えている」と述べています。一方、老生と言えば、松原先生の金太郎飴の「煩悶・求道・創造の息吹」、象徴的にいえば著作に頻出する「苦悶」に抵抗を覚えて、なかなか読み進めません。

清水先生は「松原論」を進めるにあたって、最初に読んだ松原著『現代人の芸術』の「第一章苦悶からの象徴」から、先生自身が「心に強く感じた箇所」九つを引用します。最初の引用の頭と最後の引用の頭の文章を引用してみます。

「私は思う。苦悶の叫びこそ芸術ではないでしょうか」

「真に生きんとするならば、其処に苦悩があり、其処に苦悶がある、この苦しみを描くところにこそ、真の芸術が生まれるのである」

他の引用箇所にも「苦悶」のオンパレードで、乱暴に言えば、松原著は「苦悶」の大海です。私は清水先生に押されるようにして、大海に飛び込んでみましたが、そこで倫理的な哲学をする気になりませんでした。また、松原先生はなかなかの大人物なのでしょうが、私にはその大人物ぶりがよくわかりません。より大人物の清水先生は、松原先生の大人物ぶりをこう皮肉っぽく評しています。

「松原寛は書く「あらゆる苦悶と戦った」と。こういうセリフは齢を重ね、苦悶を積み重ねてきた中老年には気恥ずかしくてなかなか書けるものではないし、口に出せるものでもない」

こういう大人物の内面は「わたし」にしか書けませんよ、と囁く清水先生の声が聞こえてくるような余裕綽々の文章です。この文章は松原先生の処女論文「若き哲人の苦悶」を論じた一節ですが、一節の最後をこう締めくくっています。

「松原寛は苦悶のひと、求道のひと、哲学と宗教の合致に基づく総合芸術の殿堂建設に邁進したひとであったが、同時に俗的な野望を捨てきれなかったひとであったことも認識しておかねばならない」

清水先生は「松原論」の結びで、「彼の思想の本質はすでに処女論文「若き哲人の苦悶」に凝縮されていた」と書いています。この大人物の一筋縄ではいかない「苦悶」こそが、多くの読者を躓かせた一方、清水先生を引きつけてやまない「松原論」のテーマだったような気がします。

そういう意味で、分子生物学者でエッセイストの福岡伸一著『ツチハンミョウのギャンブル』(文藝春秋)の以下の文章は、とても示唆的です。

「食物は動物性のものにせよ、植物性のものにせよ、もともとは他の生物の身体の一部。そこには元の持ち主の情報が大量に保存されている。外部情報がいきなり体内に入ってきたらたいへん。アレルギーや免疫反応が起きてしまう。それゆえ、いったん情報を解体する。これが消化のほんとうの意味」

松原先生の「苦悶」は、いわばこの「食物」です。もう少し丁寧に説明すれば、言葉もまた「食物」です。とりわけ苦悩や悲嘆などの情念的な言葉は、「身体の一部」で、「情報が大量に保存されて」います。松原先生の「思想の本質」を孕んだ「苦悶」もまた同様です。しかしながら、「苦悶」の哲学は多くの読者に「消化」されないばかりか、例えば、老生などには「アレルギーや免疫反応」を起こしています。なぜならば、私たちが「解体」の方法を知らないからです。

清水先生は「松原論」で、こう述べています。

「松原寛の言葉は、わたしがふだんから言っているテキストの解体と再構築を促すエネルギーを湛えている」

清水先生は「松原論」の副題「松原寛の哲学と生活を巡る実存的検証」にあるように、「苦悶」をまず「哲学と生活」に「解体」します。「苦悶」は情念的な面が強いので、「哲学」より「生活」に焦点を当てて、「解体」を進めます。その方法が大変にユニークで、松原先生の「生活」をバラバラに「解体」します。つまり、生い立ち、家族、夢、信仰、教育、挫折、野望などさまざまな項目に分けて、しかも、「わたし」(清水先生自身)、志賀直哉、三島由紀夫、宮沢賢治、ドストエフスキー、ニーチェなどの「生活」と比較しながら、松原先生のリアルな「生活」を「再構築」します。さらに、私たちはそこから松原先生の思索的人生において、「生活」と「哲学」が表裏一体の関係にあって、「苦悶」がその一体を成していることを教えられます。慈円の歴史観に倣えば、松原先生の自分史を形成する各時代には、各時代にふさわしい道理としての「苦悶」があるのです。

私たちは「解体と再構築」から生まれた「松原論」によって、「苦悶」を源泉にした松原哲学の「内奥のディオニュソスの洗礼」を受けることができます。「松原論」は未来の『松原寛全集』の格好の解説書です。同時に、清水先生の哲学的アフォリズムを堪能することができます。

いくつか紹介しましょう。

「何度でも言うが〈謎〉は解こうとすれば言葉が迷うのである。一流の天才的な言語学者はそれでもこの魔の誘惑に落ちて、言葉によって言葉の秘密を明かそうとして狂気のひととなるのである」

「理性で神をとらえようとすれば、畢竟、主観と客観の合一とか言わざるを得なくなる。これは理性が理性の認識能力を逸脱したことを意味している。つまり理性が〈意志の意志〉〈アプリオリのアプリオリ〉という究極の○へ向けて投身自殺を図ったようなものである」

「哲学者も人間である限り、論理的構築にのみ充足するものではない。人間は肉体を伴った存在であり、死すべき運命にある。理性や知性に基づいてどんなに緻密な論理的構築を進めても、生きてあることの、死ぬべく定められた人間存在の謎を解くことはできない。論理に徹した者ほどそのことを切実に感じるだろう」

さて、松原寛はドストエフスキーであるなどと言えば、失笑を買うでしょうが、「松原論」は「ドストエフスキー論」であると言えば、いかがでしょうか。清水先生は冒頭で引用したように、「松原寛の文章は一気に読める文体と内容を備えている」と言います。実は、その文章に続けて、先生は「読み進むにつれて、この本全体がドストエフスキー論としても読めるな、と思い始めた」と述べています。「この本」は『現代人の芸術』を指していますが、「松原論」を読めば、著作全部を指していることに気がつきます。事実、先生は他の箇所でこう言っています。

「わたしは松原寛の著作の大半は、そのまま「ドストエフスキー論」のサブタイトルが付いていてもおかしくないと思っている」

「ドストエフスキーの文学世界の中には松原寛が全著作を通して煩悶し思索し求道したすべてが

内包されていると言っても過言ではない」

私には「松原論」が松原寛・ドストエフスキー・清水正の三者が一心同体になって創り上げた作品、否、プロパガンダのような気がします。清水先生が時事的な天下国家論を振り回すことは、滅多にありません。というより、先生の鋭い舌鋒は常に天上に向けられています。ですから、「松原論」は天上に向けられた知のプロパガンダです。怒りがそのエネルギーです。

怒りは「松原論」のエクリチュール（書かれた言語）においては、述べてきたように、文章の陰に潜んでいます。一方、パロール（話し言葉）においては、例えば、談論の場などでは、清水先生の怒りは凄まじいものがあります。私は初めてその怒りに遭遇したとき、なぜ「松原論」で私事のように怒らなければならないのか、と訝しく思いました。しかし、スウェーデンの環境活動家で、わずか一六歳のグレタ・トゥーンベリさんが二〇一九年、国連本部で行われた「気候行動サミット」の演説で、凄まじい怒りの形相を顕わにして、「私たちを裏切った」と世界のお歴々に抗議した姿を見て、疑問が氷解しました。清水先生の怒りも、グレタさんの怒りも、私憤でなく、公憤なのだ、と。

公憤は正義感から発する、公けのことに関する憤りですが、公憤できる人はある意味で天才で、グレタさんを見てジャンヌ・ダルクを思い出した、と某心理学者がテレビで解説していました。私はそれを聞いて、清水先生もその系列の天才だ、と素直に思いました。先生においては、酒席を含めて、談論の場は常に「思想行動サミット」で、世界の知を取り巻く人々の不甲斐なさに、怒りの演説をせずにはいられないのです。

文芸批評の王道——夏目漱石から清水正へ——

はじめに

清水正先生の「ドストエフスキー論執筆五〇周年」を祝って、昨年（二〇一八年）の一一月二三日（勤労感謝の祝日）に「清水正先生大勤労感謝祭」が開かれた。私は先生の執筆開始時代からの長い縁で、短い挨拶をさせてもらった。先生の五〇年の文芸批評人生を振り返ると、作家・夏目漱石の出発点の記念碑『文学論』が思い起こされる、といった話をした。清水先生は近年、ドストエフスキーは当然として、宮沢賢治も林芙美子も「世界文学の地平」から論じられなければならない作家だ、としばしばいう。夏目漱石はロンドン留学時代、「世界文学の地平」から「文学」とは何かについて考え、苦悩した。それを強くしのばせる作品が『文学論』だが、清水先生の「ドストエフスキー論」執筆開始時代の記念碑『ドストエフスキー体験』もまたその苦悩を核としてなった作品だ。私は恥ずかしながら近年まで、つまり先生が「世界文学の地平」を口にされるまで、先生の仕事を「ドストエフスキー論」を柱にした狭義の文芸批評と考えていた。

しかし、私は最近、漱石が作家デビュー時に考え抜いた「文学論」「文学評論」「英文学形式論」三部作を紐解いて、清水先生の文芸批評を出発点から「世界文学の地平」において考え直さねばならない、と反省した。たとえば、漱石の「自己本位」は漱石の文学世界を貫くキーワードだが、私は清水先生の『ドストエフスキー体験』もまた「自己本位」についてよく考えられており、漱石も先生も「自己本位」の立場からそれぞれの文学世界を切り開いて、「世界文学の地平」に到達したように思う。

清水先生は「世界文学の地平」とか「世界文学の次元」としばしば述べるが、本当いえば、私は先生が「世界文学」にどんな意味を込めて述べているのかよく理解していない。私はとりあえず、「世界文学」を「多義性の象徴を生み出す原思想」を宿すもの、と考えている。実は、このことばは哲学者・鶴見俊輔と民俗学者・谷川健一の対談のタイトルだ。そこで鶴見は「世界小説というのは、世界を一つのものとしてとらえる感覚で貫かれているもの」ともいっていて、それも「世界文学」の定義に付け加えたい。

この小文は思いついたことを思いつくままに書き連ねたもので、清水先生と漱石の比較はアナロジーの域を出ない仮説のようなものだが、清水先生が文芸批評の王道を歩み続けて、「世界文学の地平」に到達したことを明かせれば幸いだ。

「自己本位」の原点

清水先生の処女評論集『ドストエフスキー体験』は、先生の「感謝祭」に出版された雑誌『ドストエフスキー曼陀羅　特別号』添付の「清水正の「ドストエフスキー論」自筆年譜」によれば、「十九歳から二十歳にかけて憑かれるようにして執筆したドストエフスキー論。『罪と罰』『白痴』『悪霊』『カラマーゾフの兄弟』論を収録」したものだ。同書の「あとがき」で、「私はドストエフスキー作品を読んだ時の感動をそのまま表現したかった。けれどもエッセイを書くことは、私にとって躓きであった。偉大な作品を分析しようとする試みは常に失敗せざるを得ないのだし、それだからこそ偉大な作品と言えるのだろう」と述べている。感動の率直な体験記述とそこから距離をおいた作品分析（エッセイ）との間の溝を、どのように架橋していくか。

先生のデビュー当時、溝は広かった。「自筆年譜」に、先生のはじめての講演（「ドストエフスキーの会」の講演「『罪と罰』と私」）での先生が「会衆の毒気を抜いた」様子が載っている。「居心地が悪い。ズカズカ人の居間に土足で上り込まれたようで苛立たしい。ルール無視の話し方だ。（中略）個性的である。数多く頒布されている評論解説の影響と模倣がみられない。裸の肉体をドストエフスキー御本尊にぶっつけて得た紛れもない自分の言葉で語り続ける」（近藤承神子「第九回例会印象記」）

五〇年後の先生は、こう振り返っている。

「この近藤氏の例会印象記は当時のわたしのドストエフスキーに憑かれていた姿をよくとらえている。わたしはわたしのドストエフスキーをわたしの言葉で語ったまでだ。が、その言葉はある種の人にとっては常軌を逸した熱狂的な言葉に聞こえ、苛立ちを覚えるのだろう。わたしの批評はテキストに揺さぶりをかけて一度テキストを解体し、再構築をはかって作品化するという試みである。テキストが〈人間〉である場合、揺さぶられて解体されてはたまらないと感じ、はげしく抵抗するのもとうぜんということか」（「自筆年譜」に付けられた「自註」より）

一方、漱石は待望の「語学研鑽でなく文学研究も可とする」という文部省からの一札をとってロンドン留学をはじめたのだが、留学には漱石の「文学」とは何かという問いへの熱い思いがあった。漱石は『文学論』の「序」で、こう述べる。

「大学を卒業して数年の後、遠きロンドンの孤燈の下に、余が思想ははじめてこの局所に出会せり。（中略）余がこの時はじめて、こゝに気が付きたるは恥辱ながら事実なり。余はこゝにおいて根本的に文学とはいかなるものぞといへる問題を解釈せんと決心したり」（角川書店刊『夏目漱石全集一四』所収）

この問題の回答が前述の三部作に込められている訳だが、それらは漱石が帰国後、東京大学で講義したテキストでもある。帰国後、最初に講義したのが「英文学形式論」で、もともとの題目は「英文学概説」だった。次が「文学論」で、漱石本命の講義だった。続けて「文学評論」を講義した。『文学評論』にまとめられた内容は一八世紀のイギリス文学史だが、講義のガイダンスに相当する「第一編序言」で、文学研究の手続きをめぐって長々と自説を展開している。要点はこうだ。（『同全集一五』より）

まず漱石は私たちが作品に「対する態度は大別して二となす」という。「一は自己の好尚《こうしょう》をもってこれに対するもの、すなわちあるものを見るのに面白いとか詰《つま》らないとかいう態度である。しばらくこれを称して鑑賞的(appreciative)といっておこう。他の一つは自己の好尚があるないにかゝわらずしてそのものの構造、組織、形状等を知るための態度で、すこぶる冷静なるものである。しばらくこれを称して非鑑賞的(non-appreciative)または批評的(critical)といっておこう」。しかし、この二つの態度を作品解釈の手続きとして詳細に見れば、「最初は面白かったから面白かったという感情から出立する。この点においては鑑賞的な態度である。しかしいったん出立した後は分解をやるのみである。ところがこの分解は批評的な態度ではじめてできるものである。してみるとこの手続はまるで感情的ばかりではない。すなわち双方の混じたものである。吾人の物に対する態度の第一を鑑賞的と名づけ、第二を批評的と名づけたが、この三は中間にあって双方を含むものだから批評的鑑賞(critico-appreciative)とでも名づけてよかろうと思う」とまとめている。

もちろん、漱石はこれが理論上の手続きであって、実際の「批評的鑑賞」がどれだけ混沌としているかをよく承知している。「外国文学を研究している者は言語の相違という障害物に迷わされて」とか。

「しからば吾人が批評的鑑賞の態度をもって外国文学に向う時は、いかにしたらよかろう。余はこれに二法あると思う。一は言語の障害ということに頓着《とんちゃく》せず、明瞭も不明瞭も容赦なく、西洋人の意見に合うが合うまいが、顧慮するところなく、なんでも自分がある作品に対して感じたとおりを遠慮なく分析してかゝるのである。これはすこぶる大胆にして臆面《おくめん》のない遣《や》り口《くち》であると同時に、自然にして正直な、詐《いつわ》りのない批評ができる。しかしてこの批評が時とすると外国人の批評と正反対になることがある。しかし西洋人と反対になるということが、あながちに自己の浅薄ということの証明にはならない。これを浅薄と考うるのは今の世の外国文学を研究する者の一般の弊であって、吾人は深く省みてある程度までこの弊を矯正《きょうせい》しなくてはならん」

「批評的鑑賞の態度についていま一つの方法は西洋人がその自国の作品に対しての感じおよび分析を諸書からかり集めて、これを諸君の前に陳列して参考に供するのである。これは自己の感ではなく、他人の感である。他人がある文学上の作品に対する感は自己の感ではないが、自己の感を養成もしくは比較するうえにおいて大なる参考となる」

漱石は後者も教育の現場ではそれなりの意義があると考えていたが、講義では前者を選び、私たちはその成果を『文学評論』を含む三部作に読むことができる。清水先生の『ドストエフスキー体験』も前者の態度で書かれている。漱石のことばを借りれば、「自己本位」の態度で書かれている。近代文学研究者の吉田精一は『同全集一四』の「解説」で、『文学論』をこう評している。

「(「文学論」は）英文学に対して、日本人の立場から、自己の思想感情に即した、独特の解析と追求を加えようとしたところに出発する。いわゆる「自己本位」に立脚して、他人の受け売りでもなく、紹介でもない、明白に自己の著作として後世に伝えうる独創の学説を樹立しようとしたものであった」

また、『文学評論』をこう批評している。（『同全集一四』「解説」）

「「文学評論」は十八世紀前半の英文学史に相違ないが、あくまで著者漱石の個性がみなぎっている点で、かいなでの文学史とは、はっきり選をことにしている。彼のいわゆる「自己本位」の立場をつらぬいて、犀利な評論をほしいままにしているのである」

漱石は晩年、学習院の講演「私の個人主義」において、学生時代・留学時代の不安や迷いを述懐して、「自己本位」という立場を見出すことによって強くなれた、と語っている。この「自己本位」の原点が『文学論』にあり、『文学評論』「序言」の前者の態度にあることは断るまでもないが、「自己本位」の意味自体は「利己」一辺倒でなく、「利他」とも上手に折り合いをつけた哲学的な深さと広い世界観を持っている。後世の吉田精一はこの漱石晩年の「自己本位」を使うことで、『文学論』や『文学評論』をそうした意味を宿した未来の漱石文学につながる作品に位置づけることができた。

同様に、清水先生の『ドストエフスキー体験』もまた、先生自身の「自註」が説明しているように、「自己本位」と同等の哲学的な深さと広い世界観（「解体と再構築」）を持った未来の清水文学につながる作品だといえよう。

「文学」とは何か

さて、改めて漱石の「自己本位」の原点をひとことでいえば、「文学」とは何かへの強い問題意識だったと思う。その結実が「文学論」の講義だが、残念ながら学生たちの評判はあまり良くなかったという。出版された『文学論』もまた、現代まであまり読まれてこなかった。そもそも日本の文学界では、「文学」とは何かというテーマは人気がない。しかし、漱石の「文学とはいかなるものぞ」を「解釈せん」とする「決心」は、実にすさまじいものがあった。

「余は下宿に立て籠《こも》りたり。いっさいの文学書を行李《かうり》の底に収めたり。文学書を読んで文学のいかなるものなるかを知らんとするは血をもって血を洗ふがごとき手段たるを信じたればなり。余は心理的に文学はいかなる必要があって、この世に生れ、発達し、退廃するかを極《きは》めんと誓へり。余は社会的に文学はいかなる必要あって、存在し、隆興し、衰滅するかを究《きは》めんと誓へり。

余は余の提起する問題がすこぶる大にしてかつ新しきがゆゑに、何人《なんびと》も一二年の間に解釈しうべき性質のものにあらざるを信じたるをもって、余が使用するいっさいの時を挙げて、あらゆる方面の材料を収集するに力《つと》め、余が消費しうるすべての費用を割《さ》いて参考書を購《あがな》へり。この一念を起してより六七ヶ月の間は余が生涯のうちにおいてもっとも鋭意にもっとも誠実に研究を持続せる時期なり。しかも報告書の不十分なるため文部省より譴責《けんせき》を受けたる時期なり。（中略）

留学中に余が蒐《あつ》めたるノートは蠅頭《ようとう》の細字にて五六寸の高さに達したり。余はこのノートを唯一の財産として帰朝したり」（『文学論』「序」）

しかしながら、漱石は『文学論』「本編」では、「序」のこうした混沌とした苦悩をかなぐり捨てるように、いきなりこうはじめる。

「およそ文学的内容の形式は（Ｆ＋ｆ）なることを要す。Ｆは焦点的印象または観念を意味し、ｆはこれに付着する情緒を意味す。されば上述の公式は印象または観念の二方面すなはち認識的要素（Ｆ）と情緒的要素（ｆ）との結合を示したるものといひうべし。吾人《ごじん》が日常経験する印象および観念はこれを大別して三種となすべし」

続けて「三種」を羅列し、さらにそれぞれを詳述する。たとえば、「（一）Ｆありてｆなき場合すなはち知的要素を存し情的要素を欠くもの、たとへば吾人が有する三角形の観念のごとく、それに伴《とも》なふ情緒さらにあることなきもの」として、詳述に「幾何学の公理あるいはＮｅｗｔｏｎの運動法則」を加える。

「序」と「本編」との大きな落差にびっくりしてしまうが、漱石の「批評的鑑賞」は理論上では「科学」なのだ。前出の『文学評論』「序言」で、こう述べている。

「文学はもとより科学じゃない。しかし文学の批評または歴史は科学である。少《すく》くとも一部分は科学的にやらなければならぬ。できるかできぬかはもちろん別問題である」

大部の『文学論』すべてがこうした抽象的なことばで叙述されている訳ではない。多数の「科学」（心理学や社会学など）関係の書物からの知識と引用と同時に、大量の東西文学作品が「文学」の例証のために原文引用されている。文章は例証文「そのものの構造、組織、形状等を知るための態度で、すこぶる冷静なるものである」（前出「序言」）ように努めているが、「文学評論」ほどではないものの、小説家らしい叙述の巧みさがある。

余談だが、吉田は「もし一般的な「文学論」としてならば」といって、二つの注文をつけている。一つは「「文学」一般の意義・目的・本質などからはいってゆくべきであろう」。二つは「材料としてもイギリスに限らず、大陸文学、あるいはアメリカ、さてはギリシア・ラテンから東洋のそれを広く渉猟《しょうりょう》する必要もないとはいえない」。私は漱石も清水先生もこうした注文を拒絶することで、「世界文学の地平」に到達したと考えている。

いずれにしても、漱石の「文学」とは何かへの執拗な探究心を支えていたものが「科学」だった。「科学」と「哲学」といったほうが正確かも知れない。帝国大学文科大学英文科に入学した漱石は、英文学に加えて必須科目の「哲学入門」を受講した。教師はみなお雇い外国人で、とうぜん英語の講義だが、内容は漱石のいう知識の「陳列」だった。後年、先に述べたように、それも教育の一方法として肯定した漱石だが、これでは「文学」とは何かさっぱり分からなかった。独自の「文学論」を考えるに際して、「哲学」（とくにヘーゲルの弁証法）が役に立ち、漱石の晩年まで続く哲学遍歴がはじまった。そこに「科学」が伴走者として加わった。

小山慶太著『漱石が見た物理学』（中公新書）によれば、「漱石が生きた半世紀（一八六七—一九一六）を、物理学の歴史で捉えてみると、それはまさしく激動の時代であったことがわかる。一六世紀から一七世紀にかけて起きた、近代科学に匹敵する〝科学革命〟の時代であったと表現しても過言ではないのである」。私たちのよく知っている物理学者の名前をあげれば、キュリー夫人、レントゲン、プランク、アインシュタイン、ラザフォードなどがおり、彼らの物理学上の大発見は世間を大いに騒がせた。

漱石にとっての具体的な出来事は、ロンドン留学中での化学者・池田菊苗《きくなえ》との邂逅だ。菊苗が留学先のドイツからの帰路、立ち寄ったロンドンで漱石と出会い、親交を深めた。菊苗は「日本の物理化学の基礎を築いた科学者である。あるいは味の素の発明者と書いたほうがわかりやすいかもしれない」(同書)。漱石はこの邂逅で、苦悩していた「文学論」に大きなヒントを得た。赤木昭夫著『漱石のこころ——その哲学と文学』(岩波新書)によれば、この邂逅によって、「菊苗の発明が「味の素」だから、たとえるならば、漱石は文学の素を発明したことになるだろう」という。その「科学」の背景については、こう説明している。

「菊苗が「味の素」の発明をめざした頃は、まだ原子の存在がひろく物理や化学の学界で承認されていたわけではなかった。物質は分子から成り立ち、分子は原子から成り立つと、あくまでも想定して、化学者は化学反応などの現象を模索していた。(中略)つまり、原子を「想定」しなければ、「味の素」は発明されなかったわけだ」

漱石は「文学」にも「原子」に相当する、つまり「文学」を統一している単一な存在を「想定」したに違いない。二〇世紀の物理学と近代科学との違いは、近代科学が自明なものの原理から出発したが、二〇世紀の物理学が自明でないものを原理にして、つまり「想定」(仮説)から出発したことだ。漱石は「文学の素」に「およそ文学的内容の形式は（F＋f）なることを要す」を「想定」して、それを証明するために、文学作品（現象）を材料にして演繹理論（例証）を展開した。「（F＋f）」から生まれた「形式」は、細目を数えれば約九〇項目におよぶ。背後には膨大なノートと神経衰弱と狂気がある。しかも、肉体をぶつけられるリアルな「ドストエフスキー御本尊」がある訳ではない。「文学論」を書き上げない限り、「文学」は実体を持たない。矛盾が漱石を苦しめる。

一方、清水先生は『ドストエフスキー体験』において、「ドストエフスキーの作品評論」が無用な理由について、こう書いている。

「ドストエフスキーの作品を自身の存在に関る問題として読んだ事のない読者が、ドストエフスキーの作品評論を何度読み返しても、はっきり言って無意味であるからだ。もちろんドストエフスキーの作品を懊悩し、悶え、額に油汗を滲ませながら読破した者にとっては、なおさらドストエフスキーの作品評論など邪魔くそなものなのだ。私はその事を当然の理として認める。そしてこの事を認めた私にとって、これから書こうとしている『カラマーゾフの兄弟』についての評論を書く必要性は全く消失した。そこで私は何も書かなくともよい訳である。ましてや読んでもらわなくともけっこうである」

では、「何も書かなくともよい」ならば、「作品評論」とは何か、「文学」とは何か。矛盾が先生を苦しめる。だが、そうした矛盾を超えて書かなければならない「文学」は、確かにある。清水先生の、漱石の頭の中に、信念の塊になって。「体験」と「想定」、それらを外に吐き出さない限り、「文学」とは何かを問い続ける道は開けないだろう。

ディープ・リーディング

清水先生の前出「自筆年譜」にこんなことが書かれていて、漱石との符合に驚かされたと同時に、ディープ・リーディング（深い読み）について考えてみたくなった。驚かされた文章は、先生が三〇代になって出版した『ドストエフスキー――中期二作品――』の「自著をたどって」よりだ。

「この本の表紙に使ったのは私が十九歳頃にワラ半紙に書いた『悪霊』論の一枚である。当時わたしは極めて小さな文字で原稿を書いていた。ワラ半紙一枚に四百字詰め原稿用紙に換算して五十枚ほどになる文字を書いたこともある」

漱石もまた留学中、ノートに「蝿頭の細字」で書いた。清水先生は「神経は異常に研ぎ澄まされて」、漱石は「英国人は余を目して神経衰弱といへり」という。二人は膨大な量の文字を書いていた訳だが、それは膨大な量の文字を読んでいたことでもある。もちろん、自分の書いた文章だけでなく、書く前提としての読書を指している。

漱石は「文学論」を書くために、「余は余の有するかぎりの精力を挙《あ》げて、購える書を片端《かたはし》より読み、読みたる個所に傍注を施《ほど》こし、必要に逢ふごとにノートを取れり」（「序」）と述べている。また、すでに「いっさいの文学書を行李《かうり》の底に収めたり」。漱石の読書が量の上でも、書の種類の上でも、半端ない。

清水先生はしばしば、五〇年間繰り返し読んでボロボロになった、また多量の付箋で分厚くなった単行本『罪と罰』(河出書房新社)を見せて、先生がどれだけ『罪と罰』を繰り返し重ねて読んで、「ドストエフスキー論」を書いてきたかを示してくれた。

読書には、二人の読み方のように、多読、再読、熟読など多様な方法がある。清水先生が「世界文学の地平」から読まねばならぬという宮沢賢治も林芙美子も、広く知られた大変な読書家だ。そこで、彼らの読書法を貫く(と私が「想定」する)ディープ・リーディングについて、言い換えれば、この読書法が彼らを「世界文学の地平」に到達させた理由について、清水先生を引き合いに出しながら考えてみたい。

先生がドストエフスキーの作品論を何冊出版されたか。『清水正・ドストエフスキー論全集』(全一〇巻)が最近完結したばかりなのに、先生はさらに続編一〇巻の刊行を予定しているという。問題は内容だが、先生が豪語するように、テーマは常に新しく、先生いわく「再読するたびに、新しいテーマが見つかる」。すでに三冊目の評論集『ドストエフスキー体験記述──狂気と正気の狭間で──』で、こう述べていた。

「ドストエフスキーの作品群は、私にとって偉大な現代文学であり現代心理学であり現代哲学であり、人間存在の深淵に照明を与えてくれる唯一のものとして存在し続けた。ドストエフスキーの世界を解明する作業が、現代に生きる私自身の存在のあり方を解明する作業である限り、私は一生彼の宇宙を彷徨い続けなければならないのであろう」（「あとがき」より）

ここで注意したいのは、ドストエフスキーの作品に文学が、心理学が、哲学があるかは読んで見なければ分からないが、二〇代半ばになったばかしの青年がそれらが「存在し続けた」と過去形で、断定していることだ。先生はよく「一〇代で、世界がすべて見えてしまった」という。この発言を素直に肯定すれば、先生はドストエフスキー作品に「見えてしまった」、「存在し続けた」文学、心理学、哲学を五〇年間かけて写し続けてきたことになる。先生を天才に仕立てようとしている訳ではないが、「自筆年譜」に掲載された一四歳のときの日記に記した「万物はすべてくりかえし」は、その傍証になるかも知れない。先生はこう説明している。

「アインシュタインの相対性理論を一般者向けに書いた本の影響を受け、時間は繰り返すという思いに至った。この時からわたしは必然者となった。一挙に善悪観念は瓦解し、眼前の世界は〈真っ白〉になった。これは比喩的表現ではなく、全身体感である。世界の秘密が一挙に解けた瞬間の体験」「有は無であり、無は有である」

私はこうした出来事の原因が読書のディープ・リーディング（以降、DRと略す）にあると思っている。DRは読書を通じて、本（文字の頁）が繰り広げるリアルな世界を体感できる力のことだ。『新記号論　脳とメディアが出会うとき』（株式会社ゲンロン）は哲学者の東浩紀が主宰する「ゲンロンカフェ」に、東大教授の石田英敬をゲストに迎えて行った公開講座のドキュメントだ。そこで、石田はこんなことをいう。

「これからの文学理論は、『カラマーゾフの兄弟』をディープ・リーディングする脳とはなにかがきちんと説明できて、それとの関係でドストエフスキー文学を位置づけられないとダメだと思う」

私はそれに挑発された訳ではないが、DRを考えてみたくなった。同書で、石田は「本の頁は自然と同じような空間的拡がりであり、三次元の奥行きを持った記憶の構築体なのです」という。それは作家の大江健三郎が再読（読み直し）を「本の持つパースペクティヴのなかで読むこと」（『憂い顔の童子』より）という説明と重なる。続けて、そう語る作中人物は「それが言葉の迷路をさまよっているような読み方を、方向性のある探求（クエスト）に変える」と続けている。大江はこれが哲学者のロラン・バルトからの引用だと断っているのだが、バルトは『S／Z』で、再読を消費（読み捨て）から救うすぐれた読み直しについて、それは良き再読者が「テキストをその多様性と複雑性のなかで増殖させるからである」と解説している。清水先生はこの良き再読者だが、同時にこの「パースペクティヴ」を瞬時に見てしまうDRの持ち主でもある。つまり、先生の批評方法「解体と再構築」の「解体」とは、このDRではないだろうか。とすれば、「再構築」は「見えてしまった」ものを書き写す作業のことではないだろうか。同時に、良き再読者の先生は、新しく「増殖」した「テキスト」をもとに、新しい批評を書く。

このDRの持ち主である漱石もまた、学生時代・留学時代のDRを通じて、「文学論」の「世界がすべて見えてしまった」に違いない。だから、いきなり「およそ文学的内容の形式は（F＋f）なることを要す」と書き出すことができたのだ。「文学」とは何かを究めたら、自らの創作でその真実を証明しようと計画していた漱石は、「文学論」三部作を短期間で書き上げなければならなかった。中途半端に出版してしまった事情について、漱石は『文学論』「序」で弁明しているが、私は結局「見えてしまった」ものを書き写す時間が足りなくなってしまったからだ、と思っている。

また、文芸批評は他人の作品を批評する作業なので、どうしても他人の作品を引用することがしばしば起こる。「文学論」の漱石も清水先生も引用の回数が多いばかりでなく、引用文が長い批評家だ。「文学論」の引用回数は三二〇余り。清水先生は「自筆年譜」の『『虐げられた人々』論』（一九八一年）の「自註」で、こう書いている。

「ドストエフスキーの作品を読めば読むほど全文引用するより他はないのじゃないかと思い、現にこの論考はかなり引用が多い。長い引用は、批評家にとってはどこかしら屈辱的な思いを感じるものである。引用も批評のうちと開き直って論をすすめたが、やはりそれが批評として成功したとは思えなかった。この思いは今でも変わらない。しかし、長いドストエフスキー研究の途上でこういった引用だらけの批評もあっていいのではないか、こういった地点も通過していかなければ先に進めないのだ、と思ったことも確かである。

『虐げられた人々』のワルコフスキー公爵が発する言葉はきわめて魅力的で、彼の言葉はいくら長く引用しても退屈することは全くなかった。彼の〈言葉〉を乗り越える〈言葉〉ははたしてあるのだろうか」

DRは作品の内と外の時間を統一して、現在の一点にしてしまう。「日記」に「有は無であり、無は有である」と記した清水少年は、六〇代になって、「〈有〉とは全世界、全宇宙、全自然、今、ここに現象するあらゆるものを指している。〈今、ここ〉とは〈過去〉（もはやない）と〈未来〉（まだない）の合流する零を意味する」（『Д文学通信』一四二六号）と説明しているが、現在の一点とはその「今、ここ」といってもいい。鶴見俊輔のいう「世界を一つのものとしてとらえる感覚で貫かれているもの」である「世界文学の地平」といってもいい。そこに現象する批評対象の作品は、現実の世界のすべてが私たちにそのまま引き受けてほしいように、ミメーシス（現実描写・模倣）されることを願って、存在している。

長い引用文は「世界文学」のミメーシスを尊重している証なのだ。それは交換のきかない「今、ここ」そのものだ、といってもいいだろう。「世界文学」は浅い読みでカテゴリー化されることを拒んでいる。「世界文学」はDRを通じて、文字どうりの「世界」につながる「文学」になる。DRの見た「世界」は、「世界文学の地平」に到達した作家・批評家によって、それぞれに異なる。漱石が見た「世界」、清水先生が見た「世界」、それらを発見することが読者にとってのDRの楽しみだ。

おわりに

近年ベストセラーとなったトマ・ピケティ著『21世紀の資本』は、数字データの少ない過去の経済状況を読者に理解してもらうために、同時代の古典文学作品から金銭の価値や貧富の格差などを描いた場面を巧みに引用している。たぶん多くの読者の印象に残った作品は、バルザックの『ゴリオ爺さん』だろう。バルザックは周知のように、一九世紀前半のフランスを代表するリアリズム作家だ。それこそ「世界文学」全集の要の作家だが、この小文でいう「世界文学の地平」に登りつめた。

「世界文学」の作家たちは、「世界」（バルザックならば「生活世界」）のすべてがよく見えている。私たち読者がそれを知ったとき、「微にいり細にいり、よく描けている」という。しかし、たとえば清水先生が「解体」しようとする場面は最初、読者には細かすぎて、あるいは物の陰に入ってよく見えない。ピケが引用した場面を読んでいたにしても、「ゴリオ爺さん」が人生の達人であることに気がつけないように。清水先生はそうした場面を巧みに「再構築」することによって、場面の「微に入り細にいり、よく描けている」真の姿を私たちに見せてくれる。

「世界文学」の小説家や批評家は、「世界」の時空を「パースペクティヴ」（作品の場面）で瞬時に切り取る。映画フィルムの一場面のように。読者はそれが二六コマで回転している事実を教えられなければ知らない。その仕組みを教えるのが「理論」ならば、その一コマに写し出されたもの（ミメーシス）を教えるのが「哲学」だろう。漱石が「文学論」によって前者に力を傾注したとすれば、清水先生は「解体と再構築」批評によって後者に五〇年の歳月を注いできた。漱石は「文学論」を立脚点にして、「世界文学」執筆にハンドル（舵）を切ったが、二人は文芸批評の王道のスタートライン（「文学」とは何かへの問いかけ）を同じにし、決して道を踏み迷わなかった。

III　中心と周縁

ドストエフスキー体験

清水正氏との出会い

拙文のタイトルは同名の清水正著『ドストエフスキー体験』（清山書房刊）からあえて借用した。この本はドストエフスキー研究を長年一貫して続けている文芸批評家・清水氏の処女作で、氏が大学生（二〇歳）のときに出版されたものだ。発行年月日はいまから四三年前の一九七〇年一月一日となっている。

当時、二七歳の私は氏の在籍した日本大学芸術学部文芸学科の研究室で副手をしていて、学生の氏からこの本に収録されている「『カラマーゾフの兄弟』論」の原稿（一三八枚）を手渡されたことがあった。長髪でやせこけて、どこか『地下生活者の手記』の主人公を想像させる言動の青年が「読んで感想を述べよ」という。私は正直、部厚い原稿の束を手にして、「弱ったな。小林秀雄が好きだなんて、話さねばよかった」と後悔した。もう記憶が定かでないが、「小林秀雄のドストエフスキー論がいいね」などと氏との初対面のときにおしゃべりしていた可能性があったからだ。もちろん、私のおしゃべりに嘘はなかったが、「いいね」は氏にとって、ドストエフスキーを、あるいは小林秀雄を私が「……読んだのではなくて通り過ぎていったのではないか」(「『カラマーゾフの兄弟』論」)という疑問符のついたレベルでしかなかったようで、原稿がその点を感想でハッキリさせよという催促であった。氏は同論で、次のように述べている。

「小林がドストエフスキーの作品評論を「未完」として中絶してしまった理由は、(中略)小林秀雄はドストエフスキーの作品評論を書く必要がない事を悟ったのだ。そしてその悟りに忠実であったという事だけである」

この理由は清水氏にあっても同じで、同論の最初に以下のように述べ、「これから書こうとしている『カラマーゾフの兄弟』についての評論を書く必要性は全く消失した。そこで私は何も書かなくともよい訳である。ましてや読んでもらわなくともけっこうである」と開き直っている。

「ドストエフスキーの作品を自身の存在に関る問題として読んだ事のない読者が、ドストエフスキーの作品評論を何度読み返しても、(偉大な作品の理解は=筆者注)はっきり言って無意味であるからだ。もちろんドストエフスキーの作品を懊悩し、悶え、額に油汗を滲ませながら読破した者にとっては、なおさらドストエフスキーの作品評論など邪魔くそなものなのだ」

此経はそのことを理解して「いいね」といっているのか、と暗にほのめかしているようだった。では、作品評論はドストエフスキーの作品の前にひれ伏すしかないのか。文芸批評家・清水正のドストエフスキー作品への挑戦がこの『ドストエフスキー体験』からはじまっていたのだが、私は感想をウヤムヤにしたまま、同年(一九七〇年)二月に創刊されたジャーナリストの岡本博先生のゼミ雑誌『月刊出入《ではい》り自由』に「『カラマーゾフの兄弟』論」を三回に分けて連載することを約束して、この難題から逃げた。

大学紛争とゼミ雑誌

本題に入る前に、そのころ誕生した文芸学科のゼミ雑誌について説明しておきたい。

一九六九年二月九日、日大紛争の象徴だった全共闘学生による芸術学部校舎のバリケード封鎖が解除され、一年近く続いた紛争に解決の兆しが見えた。一か月遅れの五月から新学期がはじまり、文芸学科では学生たちの創作意欲を引き出すために、ゼミ雑誌（当時は「学内雑誌」といっていた）が提案された。大学紛争は日大だけでなく、東大をはじめとした全国の大学に拡がっており、その原因はさまざまに考えられたが、大きな原因の一つに、各大学がエリートのための教育機関から脱皮して、進学を希望する多数の学生のために門戸を大きく開きはじめた時代の曲がり角にあったことだ。だから、紛争は新しい時代の準備ができていなかった大学経営陣（教授を含む）の怠慢に対して、学生たちの不満が暴発して起きたともいえる。そうした時代背景の中で、文芸学科は文学の創作や研究を目指す学生たちに対して、成果を全員が平等に発表できる学内雑誌としてゼミ雑誌を提案したのである。

岡本博先生には紛争後の新しいカリキュラムの一環として充実を図ったジャーナリズム教育の一翼を担ってもらった。先生は毎日新聞社の『毎日グラフ』編集長、『サンデー毎日』編集長、学芸部長、編集局次長を歴任した記者で、ジャーナリズムを観念的な理論の高みからでなく、世俗にまみれがちなジャーナリストの立場で論じることが巧みであった。戦争が起きると新聞がよく売れるといわれるが、大学紛争、日米安保条約、ベトナム戦争などが起こった一九七〇年前後は、ジャーナリズム（言論）が活発な時代で、文芸学科でも新聞記者や雑誌記者志望の学生が多かった。そうした学生たちが目立った岡本ゼミの雑誌として、岡本先生の助手を自任していた私は、以下のようなコンセプトで『月刊出入り自由』の発行をゼミ学生にごり押しした。

『月刊出入り自由』は現場（キャンパスを含む）の体験から学ぶ岡本ジャーナリズムを学生の身分で実践することに重点を置いて、企画、原稿依頼、取材、執筆、編集などをゼミ学生が分担して行う。掲載する記事は学生の身近な出来事をテーマにする。「月刊」と銘打って発行のスピードを上げ、全員がなるべく忙しい新聞・雑誌記者の活動を真似る。編集部は私（七〇年四月から助手に昇格した）の研究室（実際は学科事務室）に置き、私がデスク（編集実務）を担当する。また、編集責任を私が多忙な岡本先生に代わって取る。編集員の主体はゼミの四年生だが、組織と個人の「出入り自由」を優先する岡本ジャーナリズムの考え方に従って、ゼミの三年生も参加する。さらに、参加者の範囲を広げて、文芸学科の学生ならば誰でも歓迎する。

私は清水氏の「『カラマーゾフの兄弟』論」をぜひとも創刊号に掲載したかった。大学紛争では全共闘運動の活動家が先頭に立っていたが、彼らはどの大学でも少数派で、大半が「ノンポリ」（ノンポリティック＝非政治的）と呼ばれた一般大学生であった。彼らの心の内側は外側からうかがうことがむずかしかった。氏は同論でこう述べる。

「確かに今日の時代においては、思考しては一歩も踏み出せない状況にある。それこそ盲で聾で脳ミソをたたき割りでもしなければ行為する事を拒否されかねない状況である。それは生きている、存在しているという事だけには満足せず、何故存在しているのか？　何の為に生きているのか？　などという小賢しい理性の棒を振り回すからに他なるまい。（中略）だが嘘偽で底の浅い解答に満足しているものは幸いなるかなである。そういった人間にドストエフスキーは関ってこないのである」

団塊世代の学生たち

『月刊出入り自由』創刊号は清水氏の処女評論集『ドストエフスキー体験』に続けるようにして、翌月（七〇年二月一〇日）に発行された。六〇頁ちょっとのうすっぺらいタイプ印刷の雑誌だったが、内容はかなりジャーナリズム（言論）色の濃いものにできあがった。巻頭論文にマスコミ報道のマナーを岡本先生に問いただした「一ジャーナリストへの手紙」と大学教育の歴史を明治時代から現代まで綴った「国是と市民性──歴史的に観た大学と学生の一側面──」の二本を載せ、書評に『反逆のバリケード　日大闘争の記録』と日大全共闘委員長・秋田明大著『獄中記　異常の日常化の中で』の二冊を長文で取り上げた。巻末に文芸雑誌『文学界』の同人雑誌評で取り上げられた短編小説「R荘」と「『カラマーゾフの兄弟』論（一）」を掲載した。以後、有料にして発行を続け、学生たちの声を代弁し、七一年七月一五日発行号を最後に通巻一五号をもって廃刊した。清水氏の『ドストエフスキー体験』は当時の「青年の混沌とした世界」を次のように告白しているが、紛争後、同誌の参加者たちが身近な世界の混沌に目を向けようと努力していたことも事実である。

「精神のよりどころのない多くの現代青年が渇望するところのものは一体何であるのか。私自身にとってみれば、絶対的真理に証明を与えてくれるような哲学であり、文学であり、芸術である。と同時に絶望的に麻痺することであり、幻想にひたりきることでもある。極論すれば悪を死を志向しているのである。生を志向する肯定的心理と、死を志向する否定的心理とが均衡を破ってどちらか一方に傾き始める時、私はドストエフスキーの作品を読んでいるのである。だが一般的広範囲にわたって現代の青年群像に眼を向けるならば、そこには、まさに一口で言えぬ混沌とした青年の世界が現存している。過激的な政治活動に参加する者、それに対する非政治的青年、極度の無関心、瘋癲、ハプニング族など、今日の青年の生きるべき道は八方塞がりの出口なしの観がある。今こそ、人間の生きるべき道を示す新しき観念が誕生せねばならない時代状況であるにも拘らず、未だ新しき理念、新しき神を見出すことができないでいるのである」

こうした閉塞感を青年たちの内面に与えた時代状況は、七〇年代に入って、外面的には大きく変わっていった。日本の高度経済成長が人びとの目に見える形で花開いていったのだ。同時代に生まれた渋谷パルコの情報誌『アクロス』編集長などを歴任した消費社会研究家の三浦展氏は、変化をこう解説する。

「大衆消費社会の発展は一九七〇年代になるとひとつの変質を見せはじめた。その背景には、戦後生まれの団塊世代（一九四七〜四九年生まれ）が二十代になり、結婚・出産ブームに突入したことがある。フィーリング世代とも呼ばれた団塊世代は、日本人の生活の中に家電や自動車が揃い、いわば消費型ライフスタイルの下部構造がかたまってきた時代に、より感性的でファッション的な生活のイメージを担うことになった」（上野千鶴子編・小学館刊『現代の世相……① 色と欲』所収「欲望する家族・欲望された家族」）

清水氏も『月刊出入り自由』の参加者も団塊世代で、彼らの人口は確かに多かったが、といって大学生の世代で占める割合が決して大きかった訳ではない。高校進学率は大きく伸びたが、大学進学率は横ばいで、大半の若者たちが「男は仕事、女は家庭」という時代の大きな流れに乗っていくしかなかった。

団塊世代とドストエフスキー

こうした大きな変化の中で、上述した清水氏の抱えた時代の困難は、残念ながら団塊世代に共通の困難にはならず、団塊世代をイメージ的に代表する全共闘活動家やシンパたちの暴発・変節によって、時代の流れに飲み込まれてしまった、と一般的には思われている。氏の『ドストエフスキー体験』はドストエフスキーの作品評論によって、同時代に生きる困難を同時代人に刃のように突きつけた文芸批評だった。当時、私はこの刃を同世代がどのように受け止めたのか知らず、七四年五月一日に自費出版された清水著『ドストエフスキー体験記述――狂気と正気の狭間で――』の下記「あとがき」を読んで、氏の孤独がより深まったと感じた。

「一九七〇年末から一九七三年までの約三年間、私は相変わらずドストエフスキーを読み続け、書き続けた。喫茶店の薄暗い片隅でコーヒーをすすり煙草をのみながら、あるいは皆の寝静まった深夜に私はひとりドストエフスキーの宇宙に旅立った。その孤独で悩ましい体験のみが、私の生活であり現実であったかのように――。

ドストエフスキーの作品群は、私にとって偉大な現代文学であり現代心理学であり現代哲学であり、人間存在の深淵に照明を与えてくれる唯一のものとして存在し続けた。ドストエフスキーの世界を解明する作業が、現代に生きる私自身の存在のあり方を解明する作業である限り、私は一生彼の宇宙を彷徨い続けなければならないであろう」

最近、『江古田文学』六六号（二〇〇七年一一月三〇日発行）が「団塊世代が読むドストエフスキー」を特集し、寄せられた原稿の中に清水氏の初期作品に言及したものがいくつかあった。その一つに福井勝也氏の「団塊世代の〈ドストエフスキー体験〉――清水正氏の〈処女評論集〉に触れて――」があり、福井氏は『停止した分裂者の覚書――ドストエフスキー体験――』（七一年・豊島書房刊）を含めた清水氏の初期作品の「語り口」に注目し、いくつかの特徴を指摘している。

「第一に、そのスタイルが従来の「文学的なアカデミズム・教養主義」への〈地下室人的アカンベー宣言〉あるいは、〈文学的ゲバルト主義〉とでも形容可能な本質的にラディカルな表現であったということだ。この背景には、当然にこの時代の過激な政治運動の言説の雰囲気が漂っている。次に、その語り口には、「作品」を読む主体である「読者」が、既成の文学的権威を介さずに〈直接的〉に「作品」と向かい合う姿勢を大前提にしていた事実がある。これは専門的な〈読み〉よりも、「一読者」としての「主体的な」「直接的な」〈読み〉を優先していたわけで、テキスト論的には「読者論」の問題すら実践していて、ここにもアンチ〈教養主義・戦後民主主義〉的な政治思潮（＝直接民主制）との同調を見て取ることも可能だ」

私にも理解できる指摘だし、団塊世代が清水氏の「語り口」という外面のパフォーマンスに対して共感し得ることも分かる。だが、氏が苦しんだ内面の「存在のあり方」といった困難は、どう受け止められたのか。横尾和博氏は「団塊、ドストエフスキーを読む」で、こう述べている。

「一九七〇年代前後、学生運動や反体制文化の熱狂の中で、ドストエフスキーがあれほど読まれ、その時期に結成された「ドストエーフスキイの会」や「全作品を読む会」がいまなお活動を続けている。しかしその熱気は日本文学の中で継承されていない。熱い体験が作家を通して語られていないのだ。根本的に団塊世代作家が書いた作品の中に、ドストエフスキーの文学を血肉化した作品に出合うことがないのはなぜだろう。憑かれたように読んだドストエフスキー体験などが生かされていないのはどうしてなのか。

現代日本文学の流れの中で、特に団塊の世代がドストエフスキーを一般的な教養、反体制文化のブーム、流行の中での理解に止まっていたことが大きな原因である。肯定と否定、神はあるのかないのか、「正しい目的達成のため」なら殺人は正当化されるのか、人間の自意識のドラマとは何か、などを正面から問う作品に出合ったことがない」

当時から今日までそれらの難問を執拗に問い続けてきた清水氏の批評活動は、例外だったということだ。

私のドストエフスキー体験

寝食を忘れて憑かれたように作品を読むドストエフスキー体験の内実は、人それぞれだろう。前出の『江古田文学』の座談会「団塊世代が読むドストエフスキー」(出席者＝清水正・下原敏彦・横尾和博・下原康子)で、下原康子氏は以下のように語って団塊世代のドストエフスキー体験を簡潔にまとめている。

「ドストエフスキーを読んでいくと、だんだん主人公と自分が同化していくということを清水さんも書かれていますが、清水さんは本当は更にもう一歩中に入らないといけないんだとも言っている。団塊世代は、読んでいてこれは自分なんだというところまでは読んでいるけれども、そのさらに奥までは高度成長期という時代的な背景(「男は仕事、女は家庭」で多忙を極めた＝筆者注)もあって読めなかったんじゃないかと思います。「ドストエーフスキイの会」と「ドストエーフスキイ全作品を読む会」が続いているのは、若いときに読んだ読書では満足しなかったからだと思います」

確かに「だんだんと主人公と自分が同化していく」というドストエフスキー体験は、読者の多くが肯定するだろう。私もそうした体験者の一人だったが、さらに「もう一歩中に」入ることがなかった。ましてや清水氏のように「もう一歩中に」入って、主人公といっしょになって人間存在の謎にせまろうとしなかった。しかし、私は登場人物を通して、実体を感じさせる人間の存在そのものに間違いなく対面した。そう勝手に確信した。私の場合、ドストエフスキー体験はそれだけで十分だった。

私は清水氏の「『カラマーゾフの兄弟』論」の感想を求められたとき、こうした思いを氏に説明することができなかった。当時の私の急務は人間に出会うことだった。実はそのことに気がついたのは、七〇歳を迎えてからだ。当時、私がドストエフスキー作品の登場人物の幾人かに夢中になっていたことの隠された意味について、それが人間に出会うことだとは、本当にまるで気がついていなかった。私より七歳年下の早熟な清水氏が「人間存在の深淵」に照明を当てて、「人間の生きるべき道を示す新しい観念」の創造に苦しんでいたとき、私はその主体たる人間自体にきちんと出会えていなかったのだ。

私がドストエフスキーの作品をはじめて読んだのは、大学浪人をしていた一九六一年の一九歳のころだ。断定できないが、その作品『罪と罰』(小沼文彦訳)は六〇年六月に出版された「世界名作全集」（筑摩書房刊）の一冊（第一九巻）で、出版された当時買い求めた記憶があるからだ。しかし、なぜ『罪と罰』を読もうとしたのか分からない。私は理科系の大学進学を希望していて、周囲に文学好きな友人が少なかったし、自身が文学書にあまり親しんでいなかった。いずれにせよ私は『罪と罰』を何かに憑かれたように一読して、登場人物の誰もが現実の周囲に存在する人物よりも人間としての実在感があることを知って、ただそのことに驚愕した。私は多くの登場人物の中で、とくに貧しい元官吏のマルメラードフに魅了された。

「ねえ学生さん」

マルメラードフが初対面のラスコーリニコフに「ほとんど荘重ともいえる調子で」長広舌をはじめる場面が好きで、七〇歳になった現在でも自分に話しかけられたのではないかと錯覚をおぼえてしまう。「だんだんと主人公と自分が同化していく」というよりも、私は主人公のラスコーリニコフを押しのけてマルメラードフの話に耳を傾けた。

「貧乏は罪にあらずと言いますが、これは真理ですな。深酒も善行でないことは、私もちゃんと心得ております。むしろこの方がより真理なくらいですとも。しかし洗うがごとき赤貧となると、学生さん、洗うがごとき赤貧となると――これはもう罪悪ですな。貧乏なうちは、まだ持って生まれた感情の高潔さというものを保っていられるが、洗うがごとき赤貧となると、誰だってそうは行きませんよ」

〈貧乏〉と〈罪と罰〉

私は『罪と罰』を読み終えて、〈貧乏〉自体もまた〈罪と罰〉と等価の問題を抱えていると考えた。というか、そう考えたい戦後の貧しい時代を過ごしてきた。

戦後、私は東京の東中野で幼少年期を送ったが、この町もまた他の東京の町と同様に、空襲で焼け野原になっていた。その町で、終戦と同時に疎開先から帰ってきた四歳の私は、トタン屋根のマッチ箱のようなバラック小屋が少しずつ焼け跡を埋めていったように、耳をふさいでいた記憶の小部屋に日々の出来事を少しずつ増やしていった。道端でお金に換えられる銅線の塊を拾ったこと、空地に栽培されていたトマトをうまく盗めたこと、家の前の氾濫した川に子豚が流されて大騒ぎになったこと、近所のかりんとう工場で黒砂糖の甘い匂いをいっぱい嗅げたこと、お医者さんの子どもの着た真っ白いセーターがうらやましかったこと、メンコとビー玉の遊びが強かったこと、幼稚園の先生が母よりずっと美しかったこと……、それらが戦争中のいやな思い出に取って代わっていった。確かに住人の衣食住は貧しかったが、それはある程度までみなに均等にばらまかれていたからか、貧乏が幼少年期の私に苦しみとなることはなかった。

思春期、私が中学生から高校生になるにつれて、わが家は日本の経済復興からこぼれ落ちたようで、具体的にはサラリーマンから起業した父の事業がうまくいかなかったため、私は世間と比べて貧富の差を感じるようになった。とくに私が中学生になったころ、わが家は一戸建てからアパート暮らしに変わった。といって、世の中はまだまだ豊かとはいえず、人びとは街頭テレビに熱中し、団地暮らしにあこがれていた。だから、私は貧乏を苦にしていたというよりも、貧富の差を感じる視線の先に貧富の深い谷間に落ちたと思われる人びとを発見して、彼らの異形な存在におののきはじめた。もちろん、彼らが貧しい人びとと決めつけていた訳ではなく、私が彼らの不幸な姿に貧しさの影を勝手に見ていたのだが、貧乏と人間の関係は思春期から青春時代を通じて私に突きつけてきた人生の大きな謎になった。なぜ人は路上で物乞いができるのか、浮浪児はどこからきたのか、何で酔っ払いは他人にからんでくるのか、パンパン（アメリカ兵相手の売春婦）はどんな女性か、なぜ人は気が狂うのか、人殺しとは何か……、これらは私の身辺で見かけた疑問のいくつかだが、私はこれら不幸な出来事に貧しさを見ていた。しかし実際は、これらの疑問の手前で、私自身がこうした不幸を抱えた人びとが徘徊する現実の社会で生きていけるかどうかを心配していた。人間の貧しさとは何かを問う以前に、私は彼らとどのような言葉を交わしたらいいのかよく分かっていなかった。当時の私において、〈貧乏〉と〈罪と罰〉の間が遠かったばかりか、人間と〈罪と罰〉の間はさらに遠かった。

ドストエフスキーの『罪と罰』は、そういう意味で、前者の距離をせばめてくれた。一九六〇年、「黄金の六〇年代」の幕開け、私はわが家が母の労働で何とか持ちこたえている中で、大学進学の時期を迎えていた。私は母に苦労をかけたが、大学進学のできる家庭環境にいたのだから、貧乏を苦に思わないように努力した。あるイギリスの哲学者のいった「男子たるもの貧窮を口にすることなかれ」という言葉が座右の銘だった。だから、『罪と罰』を読んだとき、私はマルメラードフの言葉に感動すると同時に、〈貧乏〉が人生や人間におよぼす影響について深く納得することができた。

ラスコーリニコフと共に

私は両親の期待を裏切るようにして、一浪後、理科系でなく文科系の日本大学芸術学部文芸学科に入学した。そこで時間のかかるドストエフスキーの作品を一冊ずつゆっくり読むことができた。読書を中断したくないので、大学の授業をさぼって、一冊に一週間ぐらいかけて読みふけった。『罪と罰』に続けて、まず『カラマーゾフの兄弟』『悪霊』『白痴』などに取りかかったが、読み方は『罪と罰』で主人公のラスコーリニコフと共に物語を歩んだように、どの作品も主人公に同伴するようにして読み進んだ。もちろん、時には「だんだんと主人公と自分が同化していく」ような体験もしたが、同化というよりも、思考や感情の動きに共感したといったほうが正確だったろう。例えば、ラスコーリニコフが酔っ払ったマルメラードフを自宅まで送った帰り、「酒場でくずした一ルーブリの残りの銅貨」をそっと窓枠の上にのせてきたことを思い起こして、彼はあれやこれや考える。

「「ふん、なんてまたおれは馬鹿な真似をしたもんだ」と彼は考えた。「あの連中にはソーニャというものがいるじゃないか、こっちこそ入用に迫られているのに」しかし、いまさら取り返すわけにはいかないし、たとえ出来てもやはりそんな真似はしないだろうと判断を下すと、彼は手をひと振りして、自分の住まいへ足をむけた。「ソーニャにだってやっぱりポマードが要るんだからな」と彼は往来を歩きながら、毒々しい笑いを浮かべて考え続けた」

さらに、ラスコーリニコフはからだを売ることになったソーニャや彼女を利用する家族らの卑劣な行為に思いをめぐらして、「まったく人間なんて卑劣なもんで、なんにでもすぐ慣れてしまうんだからなあ」と考え込んでしまう。やがて、彼は思考の鉾先をマルメラードフやソーニャといった個別的な人間から普遍的な人間ぜんたいに向けて飛躍させ、こう結論づける。

「「だがもしもおれが間違っているとしたら」と不意に彼は思わず叫んだ。「もしも事実、人間が、人間ぜんたいが、つまり人類そのものが、……卑劣漢でないとしたら、それ以外のものはみんな――偏見ということになる、なんの根拠もない恐怖に過ぎないということになるぞ。従ってなんの障害もないわけだ、どうしてもそういうことにならなけりゃならないはずだ！……」」

ラスコーリニコフの「なんの障害もない」考えは、周知のように、彼の金貸しの老婆殺しを正当化した以下のようなものだ。

「つまり『普通ならざる』人間はある権利をもっている……と言ってもなにも公けに認められた権利ではなくて、ある種の障害を踏みこえることを……自分の良心に許す権利を自分でもっているということです。ただしそれはその男の理念（たまたまそれが、全人類のために救いをもたらし得るかも知れない理念）がそれを要求する場合に限ってのことですがね」

これは彼がある雑誌に発表した論文をめぐって、殺人後、予審判事のポルフィーリイとの会話で交わされたものだ。しかし殺人を犯す直前、ラスコーリニコフは立ち寄ったある飲食店で、学生が将校にこんな熱弁をふるっている場面に出くわす。

「あいつ（金貸しの老婆＝筆者注）を殺してその金を奪え。しかる後その金の助けによって全人類と公共事業への奉仕にわが身を捧げるという条件のもとに。君はどう思うね、一つの、ほんの小さな犯罪が、幾千の善行によって帳消しにならないものだろうか？」

ラスコーリニコフは異常な興奮にとらわれるのだが、それはよくあるありふれた話や考え方であったにもかかわらず、「しかしながら折りも折、彼自身の頭の中に……これとまったくおなじような考えが浮かびかかったその矢先に、いったいどうしてほかならぬこうした言葉、このような考えを、耳にしなければならなかったのだろうか？　また何故に特にいま、そうした思想の芽生えをいだいて老婆のところから出て来たばかりのいまこの時、老婆についてのこんな話にぶつかったのであろうか？……」と考えずにはおられなかったからだ。

私はラスコーリニコフと共に歩きながら、でき上がった思想そのものよりも、こうした「思想の芽生え」が出来事に巻き込まれる箇所に立ち止まった。

偶然と必然と出来事と……

当時、二〇歳になったばかりの私は、当然のことだが、完成された思想などを持ち合わせているはずがなく、あれやこれや考えをめぐらせて、かすかな「思想の芽生え」や人生に訪れる不思議な出来事に心を奪われがちであった。しかし、現実の世界では作中と違って、どこで立ち止まっていいのかさっぱり分からなかった。

ラスコーリニコフは上の疑問に続けて、こう考える。

「この偶然の一致が彼にはいつも不思議に思えてならなかった。この取るに足りない、飲食店での会話が、事件のその後の発展に際して、彼の上に非常な影響を与えることになったのである、あたかも、実際そこに、なにか宿命、天の啓示とでもいったものがあったかのように……」

こうした出来事は、彼が「いつも」といっているように、私たちの人生にもしばしば起こりがちだ。しかし現実において、私たちはそれらの大半を見過ごしてしまう。反対に、ドストエフスキーの主人公は「偶然の一致」を含むさまざまな出来事と「思想の芽生え」を練り混ぜるようにして育て、つまりは偶然の出来事をいくつも積み重ねて必然の物語に変えてしまう。私にはこうした偶然から必然への物語をもつこと、そのことこそが人間であることの証明に思えてならなかった。だが現実の世界では、人間は完結した過去形の姿でしか現れず、彼の過去も未来も彼と私が交際してみなければ分からない。実はドストエフスキーの作品の世界でも同様で、主人公以外の登場人物は物語の断片しか示されていない。だから、私たち読者はその断片を集めて、登場人物の人間像を創造するしかない。自分自身も同様だ。

こうした整理された考え方は私の人生のずっと先で生まれたもので、当時の私はラスコーリニコフのあとを追うようにして、作中の人物や彼らの引き起こす出来事に神経を集中させることで精いっぱいだった。彼らの生き方を見ながら自身の生き方、人生という以前の現実社会への乗り出し方を学ぼうとしていた。

話が横道にそれるが、先日、私は大学院の教室（メディア論）で、二人の男子学生に「情報の情報誌が氾濫する現代、さらにどんな情報誌がほしいか」とたずねた。すると一人の学生が思案した挙句、「人間の情報誌があったらいいですね」と答えた。人前に出るとき、相手の人間がどんな性格で、どんな考え方をしているかを事前に知っていれば、不安が少なくてすむということである。私は相手の身分や所属が分かっていれば、例えば、江戸時代の社会のようであれば、そうした不安が多少は解消されないかといい、さらに現代のフェイスブックなどのソーシャル・ネットワーク・サービスがそうした役割を担っているのではないか、という考えを話した。と同時に、現代学生の消極的な対人関係にあらためて驚かされた。

私がこの拙文を書きながらそのことを思い出したのは、そのとき私もまた同じ道を通ってきた事実をすっかり忘れていたことに気づいたからだ。これまで述べてきたように、私もまた現代学生と同様であったが、私の場合、人間は情報でとらえることのできない謎の存在だった。養老孟司氏がよくいうように、人間と情報は異なっているのであり、人間は変化するが、情報は不変である。私が人間存在として社会（家庭をふくむ）の中に産み落とされた瞬間から、私は自分の人生を通して人間の変化と戦っていかなければならない。だから私にとって、ドストエフスキーの作品はその戦いを記録した戦記で、人間に襲いかかる偶然・必然をふくめたさまざまな出来事を学習する教科書であった。

「自分の外に／出て　みなと」

ラスコーリニコフが酔っ払ったマルメラードフを自宅に送り届けた帰り道、ああすればよかった、こうすればよかったと自意識に悩む場面は、先に引用したが、誰もが青年時代に同様な体験をするだろう。当時、私もまた自意識過剰で、自分の中に閉じ込められていた。といって、中味はたいてい「ふん、なんてまたおれは馬鹿な真似をしたもんだ」といったもので、「思想の芽生え」といったものに出遭うことはあまりなかった。ただ社会に生きている人間を見るたびに、かならず起きる単純な謎がいくつかあって、それを解かないことには自分の外に一歩も踏み出せない、と勝手に思っていた。その一つが中学を卒業した幾人かの友人たちが平然と家業を継いだことだった。

一九五九年四月、私は都立高校に入学したが、中学の同級生五〇名のうち高校に進学した者は、男子がほとんどで一〇名弱だったと思う。女子は大半が就職し、就職しなかった男子五名が家業を継いだ。八百屋、米屋、寿司屋、雑貨店、大工などだったが、みなさっそく仕事に精を出しているように見えた。もちろん、不平をたらす者もいただろうが、表面は平然としていた。運命を粛々と受け入れたといえばそれまでだが、まるで偶然の運命を必然に変えてしまったかのようだ。

サラリーマンの家庭で育った私には、なかなか理解できなかった。人が将来の何者かになるためには、みな人生に保留の機会を与えられているのではないか。いや、保留を与えられている人は、経済的に恵まれているのだ。それよりも、保留なしに家業を継ぐことと保留後に就職することに、もし人間がかならず社会に生きなければならない存在だとすれば、何か大きな違いがあるのだろうか。

高校生になったばかりの私は、運命の偶然から必然の物語を紡ぎはじめた同級生を見て、それが彼らの大人の仲間入りを果たしたことの証として彼らをうらやんでいた。大学生になって読んだラスコーリニコフの『罪と罰』の物語は、大変に複雑だったが、私にとってはこの延長線上にあった。ラスコーリニコフが流刑地先で見たある晴れた朝の光景は、当時の私の密かな願望に重なっていた。が、それは感情の次元に留まっていた。

「ラスコーリニコフは小屋を出て岸のすぐそばまで行って、小屋のわきに積んである丸太に腰を下ろすと、荒涼とした広い河面《かわも》を眺めはじめた。高い岸からは広々とした四方の景色が一望のもとに見わたせた。遠い向う岸の方からはかすかな歌声が風に送られて聞えて来た。そこの、陽光のさんさんとしてふりそそぐ涯しのない草原には、ようやくそれとわかるほどの大きさに、遊牧民の天幕が点々と黒く見えていた。そこには自由があった。そしてこちら側の人間とは似ても似つかぬ、まるで別の人たちが生活していた。そこでは時そのものもその歩みをとめて、まるでアブラハムとその家畜の群の時代が過ぎ去っていないかのようであった」

私の密かな願望は、いま思えば、「遠い向う岸」に渡ることだった。そこで人びとと自由に生活したかった。そのことを明瞭にさとしてくれたのは、七〇歳になって再読したイタリアの詩人ウンベルト・サバの作品「町はずれ」（須賀敦子著『イタリアの詩人たち』所収、須賀訳、青土社刊）冒頭の一連だ。

この町はずれの
道でのことだった。　あたらしい
ことが　ぼくに　おきたのは
はかない　ためいき
に似ていた
不意に　自分のそとに
出て　みなと
人生を　生きたいという
あたりまえの　日の
あたりまえの　人びとと
おなじになりたい　という
のぞみ。

この一連の詩句が「不意に」一筋の光になって、長い五〇年の時空を切り裂いて、「遠い向う岸」へ渡りたいという私の「のぞみ」を明かした。「自分のそとに／出て　みなと／人生を　生きたいという」ことを。

それぞれの「遠い向う岸」

誰にとっても「遠い向う岸」に渡ることは、簡単そうで簡単ではない。サバのそれはもちろん「自分のそとに／出て　みなと／人生を　生きたいという」ことだったが、須賀敦子氏はサバの力強い単純明快な詩の背後に、「ユダヤ人としての民族的な孤独感」と「深い心の痛み」が横たわっていることを明かしている。私は自分の青春の悩みがサバと同等とは考えないが、彼の実存の苦悩を強く噛み締めながら、この作品の完成した詩形から「不意に」「おきた」「のぞみ」が同時にその成就であることを教えられた。サバは自分の「のぞみ」を知ったと同時に、この作品で「みなと」生きることのできる詩の普遍性を獲得したのだ。つまり、到彼岸に成功したのだ。

ラスコーリニコフの物語もまたそうした奇跡のいくつかが宝石のように輝いている。例えば、先の「遠い向う岸」をラスコーリニコフが眺めている場面に、「不意に彼のそばへソーニャが現われ」、彼に思いもかけないことが起きる。

「どうしてそんなことになったのか、彼自身によくはわからなかったが、不意に何者かが彼を引っつかんで、彼女の足もとに投げつけたようなことになった。彼は泣いて彼女の膝をだきしめた。最初の一瞬間、彼女はひどくびっくりして、まるで死人のように真蒼《まっさお》な顔になった。彼女はいきなりとびあがって、身をふるわせながら、彼を見つめた。だがたちまち、すぐその瞬間に彼女はすべてを了解した」

ラスコーリニコフとソーニャに「復活の曙光」が輝くエピローグの場面である。また、物語の前半、マルメラードフが馬車にひかれたとき、偶然そこに通りかかったラスコーリニコフは、彼を自宅に運び込んで献身的に世話を焼く。そして、部屋を出た帰路、こんな感覚に見舞われる。

「彼は全身熱にでも浮かされたような気持で、静かに、ゆっくりと下へおりて行った。自分はそれと意識はしなかったけれど、彼の心は充実した力強い生命がとつぜん眼の前に現われ出たような、ある新しい、無限の感覚にみたされていた。この感覚は死刑の宣告を受けた者が、急に思いがけなく特赦の令状を読み上げられたときの感じに似ていると言ってよかった」

ラスコーリニコフの心を突然みたす「充実した力強い生命」あるいは「無限の感覚」は、彼が殺人を犯した後も決して枯渇していない。予審判事ポルフィーリイはラスコーリニコフを問い詰めていく場面で、彼にこう語る。

「あなたには神様が生命を準備していてくださるのですよ（そりゃひょっとするとあなたの場合だって、ただ煙のように消え去って、何事も起らないかも知れませんが、しかし誰にそんなことがわかるもんですか）。あなたが人間の別の部類に籍を移したからって、それがなんです、それがどうだっていうんです?」

カッコの独白が「この世に用のない人間」と自称するポルフィーリイもまたかつて「充実した力強い生命」にみちていたことを暗示しているように、誰もが此岸と彼岸の間で迷うのである。私たちを迷わせるのは、此岸と彼岸の関係が変化して止まない人間自身のように、その場所をめまぐるしく入れ替えるからだろう。「充実した力強い生命」もまた私たちのうちにあって、出没をくり返して止まない。

ドストエフスキーの贈り物

私はラスコーリニコフの物語を改めて読んで、「遠い向う岸」がさまざまな比喩を使って、未完な存在の彼に近づいたり、遠のいたりしながら、試練を与えているのではないかと思った。そして、人生の偶然から必然の物語を成就させる奇跡、いわば彼岸に渡ることの困難さを教えてくれた。それは決して不可能ではないと信じることもできたが、渡りきった彼岸、つまり場所を替えた此岸が必然の物語を紡ぐ場所なのかと問われれば、私の信念はたちまち揺らいでしまう。いつの間にか「遠い向う岸」が再び姿を現す。私が出会った友人たちの中で、「遠い向う岸」で人生に匹敵する長い物語を紡いでいる人物は、清水正氏とヒッピーのおおえまさのり氏の二人だ。清水氏についてはすでに述べているので、おおえ氏について少し紹介したい。

おおえ氏をヒッピーというのは誤解を招くが、私はアメリカの詩人ゲーリー・スナイダーに並べて勝手にそう呼んでいる。氏はチベット仏教の聖典『チベットの死者の書』（講談社刊）を翻訳・紹介したことで一般に知られるが、一九六〇年代後半にアメリカで起こったスピリチュアル・ムーブメントの最良の伝承者にして実践者だ。私が同年齢の氏と出会ったのは七〇年代のインドで、私は氏から人がスピリチュアルに生きることの意味と実践の困難を教えられた。氏は長年、山梨県の八ヶ岳山麓を拠点にして、近著『未来への舟―草木虫魚のいのり―』（いちえんそう刊）のプロフィールによれば、「自然農に向かい合いながら、いのちの夢見を育んでいる」。氏はインドや琉球弧の世界で「充実した力強い生命」に遭遇し、「遠い向う岸」に渡った。氏はこういう。

「生を受けて以来、魂を開きつつ、魂の内に潜む不安や恐怖や畏れ、わたしというものの境界性、その個的境界を超えて広がりゆく魂の超絶性、空性性（非実体性）、そしてそれら魂の顕れとしてこの世界が在るのを見てきた」（『未来への舟』）

私のドストエフスキー体験は継続中で、青春時代の体験を思い出す中で当時の「のぞみ」（「遠い向う岸」）に思い当たった。さらに、この大好きなエピローグの場面を引き写していて気がついたのだが、私の想定外の長い七〇年の人生が思い起こした先は、サバの詩を通り越して、私の初めてのインド旅行で遭遇した一場面だった。

そのインド旅行は一九七三年の春休みに学生たちと出かけたグループ旅行で、遭遇した場面はバラナシーのガンジス河である。大河と「遠い向う岸」の白い砂州と熱風でクラクラした頭を少し川下に向けると、「不意に」古代の光景が現れた。大きな白い帆を船の中央に立てた木造船が接岸して、頭と腰に白い布を巻きつけただけの半裸の男たちが、船内に積まれた穀類の袋を頭に乗せ、次々と外に運び出していた。私は白い霞のかかった、古代さながらの光景を見て、心もからだも固まってしまった。しばらくして、私はそのことがまるでなかったように、川上の河岸を学生たちと歩いていた。すっかり忘れ果てていたのだが、「そこでは時そのものもその歩みをとめて、まるでアブラハムとその家畜の群の時代がまだ過ぎ去っていないかのようであった」。そう引き写して、私の固まってしまった心とからだが四〇年ぶりに溶け出し、私は合点した。私の「のぞみ」をかなえる「遠い向う岸」がインドにあったことを。ドストエフスキーは文章をさらにこう続ける。

「ラスコーリニコフは腰を下ろしたまま、身動き一つせず、それから眼をはなそうともしなかった。彼の思いは夢の世界へ、瞑想の世界へと移って行った。彼はなにも考えはしなかったが、しかしなにかわけのわからないわびしさが彼の心を乱し、彼を苦しめるのであった」

私はその旅行の翌年、三一歳のとき、大学をやめてインドに旅立った。決心するのは早かったが、理由が自分でもよく分からなかった。たぶん決心はこのインド版「アブラハムとその家畜の群の時代」に遭遇したときに生まれたに違いない。文章の「ラスコーリニコフ（彼）」を「私」に置き換えると、固まってしまった自分を思い出す。長男だった私は、ラスコーリニコフがソーニャの足もとに身を投げ出したようにではないが、両親の前に頭を深く下げ、インドへ渡ることの許しを願った。

私のドストエフスキー体験は多くの体験者にくらべて浅薄なものだが、作品の登場人物たちが私の現実の社会で出会った人物たちと同等に、あるときは彼らを押しのけて私の出来事の現場に立つとき、その場の出来事を偶然から必然の物語に変えてくれるような気がする。ドストエフスキーの作品は私の人生の予見に満ちている、と言い換えてもいい。それは少し出来すぎた思い込みだといわれるかも知れないが、自分の人生の出来事を自分の物語として紡ぐことはとても楽しい。私はそれをドストエフスキー体験と呼んで、彼の最高の贈り物だと信じている。

ドラえもんとロボット

障子の中に障子あり

マンガは子どもが読むものと教育された世代の私（現在七〇代）は、成人になってから、マンガを読むことはめったになかった。しかし、子どもができて、またマンガがアニメ化されて、TVや映画でマンガにふれる機会が少し増えた。たとえば、『サザエさん』や『ちびまる子ちゃん』は日曜日の夕食時にTV放映されるので、つい家族といっしょに見てしまう。『ドラえもん』もそんな家族団らんで楽しんだ一つだが、とりわけ映画館で長編作品を子どもたちと楽しませてもらった。いわば童心に返って楽しんだのだが、確かに『ドラえもん』のおもしろさには子どもばかりか、大人を童心に返らせる何かがあるようだ。そうでなければ『サザエさん』に並ぶ国民マンガにならなかっただろうし、世界の数多くの国で出版されもしなかっただろう。

友人の清水正先生は著書『世界文学の中のドラえもん』（D文学研究会発行）の「あとがき」で、おもしろさの秘密を簡潔にこう述べている。

「のび太は神をも超えた神的存在〈ドラえもん〉を手中にしたが、全四五巻を通してのび太が神に試みられたり罰せられたりしたことはない。のび太が生きる〈ユートピア時空〉には神のいかなる試みも呪いも入り込むことはないらしい。のび太は〈死即生〉の〈今〉を〈永遠〉の〈ユートピア時空〉でいきつづけ、不条理と悲惨に充ちた現実の世界を生きる世界中の子供たちに〈ゆめ〉と〈きぼう〉を与えている」

私は「そんな深い秘密が隠されていたのか」と改めて『ドラえもん』を読んで、大いに納得させられた。読者が荒唐無稽なストーリーにありえなさそうでありえそうな変なリアリティーを感じるのも、同じ理由からなのだろう。しかし、その哲学的な理解は作品を読み進めていくうちに、いつの間にか「〈死即生〉の〈今〉」から切り離された「〈永遠〉の〈ユートピア時空〉」に遊ぶ楽しみに取って代わられていく。

禅の世界でもよく「〈死即生〉の〈今〉」が論じられるが、その言葉には納得できてもその真意を悟るのはなかなか困難といわれる。一〇年以上前になるが、「日本仏教は葬式仏教だ」という非難が高まる中、私は僧侶のグループ「二一世紀の仏教を考える会」が全国の檀信徒から募った寺院への要望を統計・分析することがあった。送られてきた手紙の一通に、送り主の子ども時代のこんなエピソードが書かれてあった。

「お寺は曹洞宗で、境内ではしばしばお葬式があり、法事があった。お寺が私達の自由な遊び場であるから、お経が自然に耳に入った。「ショウジノナカニ、ショウジアリ」、「ナムカラダンノウ、トラヤヤ、ボロキュウヤ、シフラヤ」、「ギャテ、ギャテ、ハラギャテ、ハラソウギャテ、ボズソワカ」などはいまでも耳に響き、記憶に残っている。（中略）このお経の意味を私は一度も教えられたことがなかった。住職さんの説教姿を見たこともない。小学生の私は勝手に解釈していた。「障子の中に障子あり」とはどんなことだろうか、わからなかった。ある時は「ショウジノナカニ、ショウジナシ」と聞こえてくるお経もあった。「障子の中に障子なし」ではいよいよわからなかった」

送り主は成人してから「ショウジ」が「生死」であることを知った。さらに、仏教学者の義兄と出会って、「「生」は一呼吸、一呼吸の一瞬にあり」と学び、「お経の「生死の中に生死あり」はこのことだったたか、と思った」という。彼は子ども時代にそれを教えてほしかったと手紙を結んでいたから、以後「生死」を「障子」と取り違えることはなかっただろう。しかしながら、『ドラえもん』を読む私はせっかく清水先生から「生死の中に生死あり」と学びながら、〈ユートピア時空〉の陥穽にはまって「障子の中に障子あり」と笑ってしまうのだ。

ドラえもんと仏教

曹洞宗の大切なお経の一つである「修証義《しゅしょうぎ》」のはじめに、こんな一節がある。

「生死の中に仏あれば生死なし」

このお経の眼目である生死を明らめるためには、仏がなければならない。仏があるならば、「生死なし」なのだから、「但《ただ》生死即ち涅槃《ねはん》と心得て、生死として厭うべきもなく、涅槃として欣《ねご》うべきもなし」ということになる。清水先生はこういう難解なお経を『ドラえもん』を通じて、平易に説いてくれている。このお経の「仏」を〈ドラえもん〉に、「涅槃」を〈ユートピア時空〉に置き換えてみれば、つまり「生死の中に〈ドラえもん〉がいれば生死なし、ただ生死を即〈ユートピア時空〉と心得ておれば、生死としていやがる必要もなく、〈ユートピア時空〉としてよろこび願う必要もない」となって、『ドラえもん』は子どもたちのお経となろう。補足すれば、「修証義」は「生死」にとらわれないで、そこから離れる必要を説く。人間は生まれて死ぬという運命から逃れられない以上、生も死も一瞬にある、つまり生死一如にあると心得て日々を送るしかない。一方、『ドラえもん』の世界では、清水先生の『世界文学の中のドラえもん』がくわしく解き明かしているように、死んだはずの〈のび太〉が運命に逆らって復活した瞬間から、現実の時間にしばられることがない。もうそこは「〈永遠〉の〈ユートピア時空〉」なのだ。

清水著の中にはいくつか仏教的な文章があって、つい私の好きな仏教に引き寄せて考えてしまう。

「カレにとってのび太の不吉な〈運命〉とお皿にのった〈おもち〉は等価であって、どちらかが特に優先されるものではない」

もちろん、「カレ」は〈ドラえもん〉だが、「涅槃」にある「仏」においてもまたあらゆるものが「等価」である。『ドラえもん』が「等価」をマンガ的におもしろがれば、仏教はたとえば「空」というような理屈をこねたがる。両者の「等価」を成り立たせているのは、「〈死即生〉の

〈今〉」と「生死一如」の時空である。

「カレはのび太の願望の底にあるものさえかなえる存在として登場している。のび太の底にあるものとは幸福と平安である。自分の幸福が他者の幸福とつながるような幸福の実現をのび太は望んでいる。その願望をかなえるためにこそ、カレはのび太の部屋に出現したのである」

「仏」もまた「カレ」（ドラえもん）と似たような出現をしたが、「カレ」と決定的に異なるのは次の点だ。

「もしカレが〈みんな〉のために現れた存在だったら、多くの子供たちの絶大な支持を獲得することはできなかったであろう」

「仏」は〈みんな〉のために出現したのであって、〈ドラえもん〉のようにある特定の個人（のび太）のために仏教（涅槃）を説いたのではない。だから、『ドラえもん』を論じるためには、清水著のように〈ドラえもん〉と〈のび太〉の関係を軸にして、そこから論を展開するのが常道なのだろう。清水先生は〈ドラえもん〉を「神をも超えた神的存在」として論を展開したが、私は〈ドラえもん〉を子守用ネコ型ロボットとして二人の関係を考えてみたい。

ASIMOとドラえもん

ドラえもんがロボットであることは、「未来の国から　はるばると」（小学館てんとう虫コミックス『ドラえもん』第一巻）で、未来の世界からやってきた「のび太くんのまごのまご」であるセワシくんの次のせりふから自明だ。

「あいつもできのいいロボットじゃないけど、おじいさんよりはましだろう」

しかし、ドラえもんの姿や行動からはあまりロボットらしく見えない。私はいわゆる人造人間型のロボットを勝手に想像しているのだが、私が気に入っているのはホンダのＡＳＩＭＯだ。ＡＳＩＭＯは二足歩行の人間型ロボット（自律型ヒューマノイド）で、二〇〇一年からいくつかの公共施設にレンタルされ、大きな話題になった。東京・お台場にある日本科学未来館には二〇〇二年から常勤職員として正式採用され、子どもたちの人気者だ。ＡＳＩＭＯが正式採用されたころ、私は偶然、清水先生と二人の友人といっしょにＡＳＩＭＯの短い勤務時間（平日は一日一回一五分間）に遭遇したことがある。確か当時は七、八メートルの横長のステージを二足歩行するだけだったが、私はＡＳＩＭＯのおぼつかない足取りを食い入るように見ながら、涙があふれてきた。長男のはじめてのひとり立ちを思い出したからだが、少し大袈裟にいえば私の中の人類がはじめて二足歩行したような思いだった。同時に、なぜか私はＡＳＩＭＯに親しみをおぼえた。

実はこの拙い文章を書く羽目になったのは、清水先生が私とＡＳＩＭＯのこの感動的な（？）出会いをしっかり目撃していたようで、「ドラえもんとＡＳＩＭＯについて何か書いてみないか」と原稿依頼されたからだ。それにしても、どうしてドラえもんとＡＳＩＭＯが結びつくのか。

私はそのとき以来、ＡＳＩＭＯに会っていないが、ＡＳＩＭＯは現在も日本科学未来館で働いており、ＡＳＩＭＯを取材した石田雅彦著『ロボット・テクノロジーよ　日本を救え』（ポプラ社）によれば、ロボット担当者の言葉として「ＡＳＩＭＯを使うことで、ヒューマノイドという現在進行形のロボット技術を来館者の方々に楽しんでもらえ、人間とヒューマノイドとの未来の関係を探るという研究対象としても興味深い存在なんです」といっている。具体的には、ＡＳＩＭＯは「のび太を叱るドラえもんのような存在」という。続けて、石田著は担当者の以下のような言葉を伝えている。

「鉄腕アトムは個性がある唯一無二の存在ですが、ドラえもんはネコ型ロボットとして未来社会では大量に作られています。日本科学未来館のＡＳＩＭＯはドラえもんのような存在で、たくさんいるＡＳＩＭＯの一つなんです。来館者の中にはＡＳＩＭＯを見て『ドラえもんみたいだ』という鋭いお子さんもいらっしゃいますよ」

この発言はドラえもんがどのような生い立ちのロボットかを知らないと理解しづらいかも知れない。横山泰行著『ドラえもん学』（ＰＨＰ新書）によれば、「二一一二年九月三日、トーキョーのマツシバ・ロボット工場で、ネコ型ロボット・ドラえもんが製造されていた」。しかし、工場がアクシデントに見舞われ、ドラえもんは廃棄されようとする。その瞬間、救助され、なんとかロボット養成学校に入学することができた。校長の「諸君は人間の子守用として開発されたネコ型ロボットであーる！　……がんばって勉強するように！」という訓示があるが、ドラえもんは訓練の効果なく成績が悪い。人間のスカウトの有無で合否が判定される卒業オーディションでは、どこからもスカウトがない危機一髪に、赤ちゃんのセワシくんが間違えてOKサインを出したために、危うく卒業できた。鋭敏な子どもたちにはこうした生い立ちのドラえもんとASIMOがどこかで重なって見えているのかも知れない。

「弱いロボット」とは何か

ヒューマノイドとして発達途上にあるASIMOは、その未完成が私たちを引きつけ、自分の分身であるかのような親しみを私たち、とくに子どもたちにおぼえさせる。ASIMOは私だけのために誕生し、試行錯誤を重ねている。その姿はのび太のために奮闘しているドラえもんのようではないか。

ロボット工学に人間との交流を目的にするパーソナル・ロボットを専門にする分野がある。心理療法を土台にしたペット型ロボットなどがそうだが、パートナー・ロボットともいわれる。ドラえもんはまさしくのび太のパートナー・ロボットだ。ASIMOもまた熱い視線を注ぐ子どもたちのパートナー・ロボットを目指している途上にあるようだ。そのモデルがドラえもんであるが、ASIMOが目指すのは彼の形態ではなく、彼とのび太とのコミュニケーションのありようだ。つまり、日本科学未来館の担当者がいう「のび太を叱るドラえもんのような存在」ということなのだろう。そこにたどりつくためにはロボットとユーザー間にある種の一体感がなければなるまい。ASIMOにはそうした一体感の兆しがあるようなのだ。将来、ASIMOは子どもたち個人個人にどのような相手になることができるのか。現代の途上からいえることは、子どもたちこそがASIMOの未完部分を補完することに喜びを見出すに違いない。たとえば、こけたASIMOを助け起こしてあげる。

パートナー・ロボットとして完成されたドラえもんは、勉強も運動もダメ、努力も嫌いで、一〇〇年後の未来の子孫に莫大な借金を残してしまう不運なのび太を救済するために、未来の世界からやってくる。そんな運命を変えるためには、のび太の自力救済できない日々の情けない出来事を彼の望むように変えてあげなければならない。そこで活躍するのがドラえもんのおなかの「四次元ポケット」から自在に出される「ひみつ道具」の数々だが、重要なことはそれらの多くがのび太の自力救済できない能力の不足を補うものだ。目的地へすぐいけないときの「タケコプター」、時間の変更ができないときの「タイムマシン」、テストのための暗記ができないときの「アンキパン」、相手を反省させたいときの「ぺこぺこバッタ」など、のび太の補完道具といってもいいだろう。ドラえもんは「ひみつ道具」の提供者であると同時に、道具の使い方を通してのび太とコミュニケーションを図る心理カウンセラーでもある。相手をフォローする相互コミュニケーション能力がパートナー・ロボットにおいて大切なのだ。

ロボット研究者の岡田美智男先生（豊橋技術科学大学教授）に「弱いロボット」という大変ユニークな考え方がある。「朝日新聞」附録の「Be版」（二〇一四年二月一五日）の人物紹介欄（「フロントランナー」）で知ったのだが、「弱いロボット」とは「1人では何もできないけど、人間の助けや働きかけがあると何かができる」ロボットのことだ。岡田先生が研究室の学生たちと製作した「ゴミ箱ロボット」は、「自分ではゴミを拾えないけど、トボトボ歩いて、ゴミが入ると、軽く会釈をする。生き物のように振る舞うんです。子供たちの前に置くとたたかれもしますが、しばらくすると面白がってゴミを入れてくれる子も出ます」という変わったロボットだ。

「自力でゴミを拾うためには、センサーや画像処理、アーム、制御などの技術的検討が必要です。ただ、そんなロボットは、従来型の「作業機械」に思えるのです。私が関心があるのは、「拾うスキル」より、「ソーシャル（社会的）なスキル」。他者との関係の中で存在し、その相互作用で何かができるロボットです」

ドラえもんとのび太の関係を考える上で、いろいろヒントになりそうな岡田先生の言葉をもう一つだけ紹介しておきたい。

「ロボットのもつ「弱さ」や「不完全さ」は、私たち人間が持っている「弱さ」や「不完全さ」と同じです。人間は本来的に、他者にゆだねたり、支えられたりする相互作用の中で存在するのです」

「ひみつ道具」の使い方

ドラえもんはロボット工学の進歩から見たとき、ＡＳＩＭＯよりはるか先をいくパートナー・ロボットだ。また、「人間の子守用として開発されたネコ型ロボット」としては、ほぼ完成に近づいているといってもよさそうだ。もちろん、完成の基準を「相手をフォローする相互コミュニケーション能力」に見た場合、ドラえもんの「相手」がみんなでなく、のび太という個人であるために、完成の判断がむずかしいともいえる。

ドラえもんがネコ型ロボットとして優れているかどうかは、先に述べたように、「ひみつ道具」の使い方にかかっている。しかしながら、「ひみつ道具」を提供する「相手」ののび太が一筋縄ではいかない。のび太が使用目的を守らないでいたずらに使うために、「ひみつ道具」は奇想天外なできごとを繰り広げてしまう。それがマンガ『ドラえもん』のおもしろさだが、事実、それが三五年間におよぶ連載を可能にした訳だが、そんな繰り返しではのび太のもとに「未来の国からはるばると」やってきたドラえもんの目的（のび太の運命を変えること）が達成される日がなかなかきそうにない。ロボットとしてのドラえもんに何か問題があるのだろうか。ドラえもんを派遣した未来の国の住人セワシくんも気が気でない。

そうしたテーマを扱った作品が「ションボリ、ドラえもん」（前出『ドラえもん』第二四巻所収）だ。

「いつもこうなんだ。きみのだす道具を使うとろくなことにならない」
「かってな使い方をするからだ!!　自分が悪いんだ!!」
「失敗しない道具をだせばいいんだ」
「きみなんかにどんないい物だしたってむだなんだよ」

「いったな!!　中古のポンコツロボットのくせに!!」

「なんだと!!　ピンボケピーマンのダメ男!!」

ある日、のび太とドラえもんが取っ組み合いの口喧嘩をする光景を、ドラえもんの妹のドラミちゃんといっしょに「タイムテレビ」で見ていたセワシくんは、「ドラえもんをおじいちゃんとこへやったのは、まちがいだったかな」という。この事態を打開するためにのび太のもとに送り込まれたのがドラミちゃんだ。

優秀な子守用ネコ型ロボットのドラミちゃんは、朝、楽しい夢の中にいるのび太を起こすために、「ゆめコントローラー」でガキ大将のジャイアンに追いかけられる悪い夢を見させて起こす。「タイムテレビ」で教室ののび太を監視すると居眠りしている。また「ゆめコントローラー」を使って、大好きなしずちゃんを登場させて、のび太にこう話しかけさせる。

「のび太さんすきよ。でもいねむりなんかしないで、きちんと勉強したらもっとすきよ」

のび太は「やるぞお!!」と大声をあげて目覚める。

のび太の苦手な体育のランニングでは、のび太はいつものように同級生のずーっと後方を走っている。ドラえもんが「かくれマント」で「あとおし」しようと提案すると、ドラミちゃんは「だめよ、自分の力でやらせなくちゃ」と「自信ヘルメット」をのび太の頭にかぶせて、最後まで走り抜かせる。帰宅したら、「瞬間昼寝ざぶとん」でさっさと昼寝をすまさせ、「クイズパズル光線」を教科書に当てて宿題をおもしろくやらせ、「ハッスルねじ」で元気に遊ばせ、のび太はドラえもんに「人がかわったみたいだぜ」といわせるほどの変身ぶりだ。

ドラえもんは現代にやってきたセワシくんからのび太の世話係をドラミちゃんと交代することを告げられる。「のび太のためを思うなら、こうたいしたほうがいいんだ」とさびしく納得したドラえもんだったが、ドラえもんが未来の国へ帰ることを聞いたのび太は、「いやだ!!」「ぜったいに帰さない!!」と泣いて、ドラえもんにこう懇願する。

「これからはいうことききくよ。昼寝しない! 宿題する! だから! お願いだから!」

結局、「ま、長い目でみようよ」ということになって、セワシくんとドラミちゃんは未来の国へ帰ったのだが、「タイムテレビ」には相変わらずドラえもんとのび太の取っ組み合いの喧嘩が映し出されてくる。ドラミちゃんが「しょっちゅうけんかしても、ほんとはなかよしなのよね」とセワシくんにいう。

ロボットと人間関係

ドラえもんとのび太における「相手をフォローする相互コミュニケーション能力」は、ドラミちゃんがいうように、「けんか/なかよし」によってはぐくまれているのだろう。この能力がのび太のまごのまごであるセワシくんがいう「きみののこした借金が大きすぎて、一〇〇年たってもかえしきれないんだよ」(前出『ドラえもん』第一巻)を解消できるかどうかはわからないが、「自分の幸福が他者の幸福とつながるような幸福」(前出・清水著)を生み出す力にはなるだろう。

そういう意味では、ドラミちゃんが持ち出した「ひみつ道具」は、「ゆめコントローラー」をのぞいて、のび太がいたずらに使えそうにない。「けんか/なかよし」にならない。「自信ヘルメット」「瞬間昼寝ざぶとん」「クイズパズル光線」「ハッスルねじ」、これらの「ひみつ道具」は自己啓発セミナーで用いられそうで、自分の「借金」を返済できても、「他者の幸福」につながりそうもない。もちろん、「借金」の返済はセワシくんを経済的に楽にするかも知れないが、はたしてそれが「他者の幸福」につながるだろうか。

ドラえもんとドラミちゃんの「ひみつ道具」の使い方に優劣をつけることはむずかしい。のび太を「相手」にした場合、ドラえもんのほうが「弱いロボット」らしい「一人では何もできないけど、人間の助けや働きかけがあると何かができる」(前出・岡田談)可能性を感じる。一方、ドラミちゃんは強いロボットで、のび太の「助けや働きかけ」がなくても、一人で何でもできる。ドラミちゃんがドラえもんの補助役として開発されたロボットであることが納得できる。

マンガ『ドラえもん』の世界には、いろいろな種類のロボットが登場する。しかし、のび太のパートナー・ロボットとして登場してきたものは、ドラミちゃん以外にはあまりいないようだ。第二巻所収の「ロボ子が愛してる」のロボ子は、もてないのび太のために「未来の世界」から呼び寄せた「トモダチロボット」で、ドラえもんのガールフレンドというふれこみだ。美少女のロボ子は、初対面ののび太が「ドキーン」としてしまうほど、ホンモノそっくりの人間型ロボットだ。のび太だけを好きになるように調節してあるという。もてることに慣れていないのび太は、

「モジモジ」するばかり。ロボ子はよくできたロボットで、ドラミちゃんのように気配りが上手だ。

「ほんとに、ぼくのともだちになってくれる？」

「もちろんですわ」

「だ、だってぼく……成績も悪いし、スポーツだってにがてだし……」

「そんなひかえめなところが、とってもすてき」

　間違いだらけの宿題のノートをロボ子に見られても、ロボ子は誰にもやれない独創的な間違いだといって、気配りばかりか宿題もやってくれる。

　問題はロボ子が強いロボットで、「百万馬力」でのび太をやっかむジャイアンやスネ夫を投げ飛ばすばかりか、のび太に親しげにするしずちゃんや犬のポチまでにやきもちを剝き出しにする。挙句が小言をいうママに殴りかかろうとする始末で、ドラえもんがお引取りを願うことになる。

　ロボ子は一長一短のあるロボットだが、とくに「相手をフォローする相互コミュニケーション能力」の面で制御不能に陥りやすい。そうした点では、リドリー・スコット監督のSF映画『ブレードランナー』に出てくる美人のアンドロイドは、かなり高度な人間型ロボットだといえよう。

　拙論では、ロボットと人間の関係をドラえもんとのび太の関係に置き換えて考えてきたのだが、ドラえもんが『ブレードランナー』のアンドロイドなみのネコ型ロボット（清水先生いわく「神をも超えた神的存在」）であるために、二者の関係は人間同士の関係と重なってしまう。人間同士の関係では、カルト教団などのマインド・コントロールといった例は除いて、どちらかが相手をコントロールすることはない。同様に、ドラえもんとのび太の「けんか／なかよし」の関係にも、ドラえもんがのび太をコントロールするようなことはない。ドラえもんは外見がネコ型ロボットでも、中身は自律型ヒューマノイドなのだ。ドラえもんとのび太の人間関係の内実は、『ブレードランナー』が恋愛ならば、友情だろう。友情について論じることは拙論のテーマから大きく外れるので、最後にこれまでテキストにしてきた短編『ドラえもん』から「大長編ドラえもん」シリーズにステージを移して、新たに登場してきたロボットについて少し感想を述べたい。

ドラえもん地蔵菩薩

短編がのび太の日常生活を軸に展開するドタバタ・スナップだとすれば、大長編はその日常性に乱入した非日常的な「〈永遠〉の〈ユートピア時空〉」でのアドベンチャー・ストーリーだ。そこではドラえもん、のび太、しずちゃん、ジャイアン、スネ夫たちが結束して時空を乱すさまざまな敵と戦う。敵は広大で変化に富んだ〈ユートピア時空〉の住人にふさわしい超人的な存在が数多く登場するが、同時に彼らが造り出したロボットもまた超人的なパワーの持ち主であるばかりでなく、たとえば『のび太と鉄人兵団』（「大長編ドラえもん」シリーズVOL．7・小学館）では「ロボットは神の子」だというロボット鉄人兵団が現れる。宇宙のメカトピア星からやってきた鉄人兵団は、地球人を奴隷にしようとたくらむのだが、理由をこういう。

「神がわれわれを宇宙の支配者と定められたのは、人間にかわってロボットの天国を作ろうとお考えになったからだぞ」

この暴走する鉄人兵団はパワーも頭脳も超人的で、のび太たちがなかなか勝てる相手ではない。しかし、「神の子」鉄人兵団もまたロボットである以上、どこかに神がいるはず。しずちゃんがそう予想して鉄人兵団の誕生した三万年前のメカトピア星をたずねると、そこには「人間に絶望して、アムとイムを作りだした科学者」がいた。老いた博士はロボットの「頭脳に「競争本能」をうえつけたのが悪かったのか」と反省し、余命を使って「他人を思いやるあたたかい心」を持った頭脳改造に取り組む。物語は改造が成功したために三万年後のメカトピアの歴史が変わって、鉄人兵団が消失してハッピーエンドとなる。

大長編の〈ユートピア時空〉でロボットたちが超人あるいは神的存在を目指すとすれば、大乗仏教の涅槃（極楽浄土などの時空）では仏を慕う人びとが「仏の子」となってそこの住人を目指す。大乗仏教とはマンガ論のノリでいえば、「大長編ドラえもん」と同じように、日常性に非日常の時空が乱入して生まれた多数の涅槃で展開されるアドベンチャー・ストーリー（「華厳経」「法華経」「般若経」などで語られる）だ。そこでは、ブッダと同等の阿弥陀如来、薬師如来、「仏の子」を導く観音菩薩、弥勒菩薩、如来を守る不動明王など数々の神仏が活躍し、「大長編ドラえもん」が「不条理と悲惨に充ちた現実の世界を生きる世界中の子供たちに〈ゆめ〉と〈きぼう〉を与えている」ように、世界中の人びとに夢と希望を与えている。

仏教時空の神仏たちは、「大長編ドラえもん」に登場するロボットたちが超人的暴走を繰り返すが、決して暴走することはない。もちろん、神仏はロボットではないからだが、ドラえもんは「仏の子」を導く菩薩に喩えれば、「ドラえもん菩薩」と名づけたい衝動に駆られる。あの世への途中にある賽の河原で童子を救うお地蔵さんに喩えれば、のび太をあの世から復活させたドラえもんは、姿かたちからいって、もっと正確に「ドラえもん地蔵菩薩」と呼びたい。

松原寛先生の遺伝子

1

建学の精神があっての校風だが、年月が過ぎると、校風だけが残って、建学の精神は忘れられていくものらしい。

日本大学芸術学部は数年先に創立一〇〇周年を迎える。一〇〇年という歳月はやはり長いもので、建学の精神が薄れているだけでなく、学部の生みの親である松原寛先生の存在さえ話題になることが少ない。しかし、建学の精神は遺伝子のようなものらしく、未来のある日、出身者に突然変異して現れるようだ。松原先生の青春時代に一世風靡した哲学者のベルクソンの用語を借りれば、それを「エラン・ヴィタル」（生命の跳躍）と言ってもいい。松原先生の建学の精神（つまるところ先生の芸術教育の理念）が出身者に憑依して、まるで先生自身であるかのように熱く語られるのだ。

二年前、詩人の中村文昭氏が長く勤められた同学部文芸学科教授を退官されたときに行われた最終講義で、中村氏は出身校の芸術学部への母校愛において松原先生の存在がどれほど大きかったかを熱く語った。二年先に退官していた私は、中村氏と同時代に学生生活を送っていたのだが、学生時代も学部在職中も松原先生の存在を意識したことがなかった。最終講義に耳を傾けながら、古い記憶の底をかき回してみたが、情けないことに先生を思い出せなかった。「縁なき衆生」とはよく言ったものだとそのこと自体を忘れかけていたら、若い友人の清水正教授が突然、松原先生の哲学・宗教・芸術について熱く語り始めた。二人とも元来熱い性格の人だが、彼らの熱心に語る姿を見ていると会ったこともない松原先生を勝手に想像してしまうほどだ。清水教授からは松原先生の分厚い著作コピー三冊を渡された。「先輩、しっかりしてくださいよ」と言われている気がした。

2

松原先生の人物を手っ取り早く知るには、清水教授の書かれた以下の簡潔なプロパガンダ(?)を読むのがいい。『毎日新聞』二〇一六年一月三一日号の読書欄のコラム「この三冊」に掲載されたものだ。

「松原寛は明治二十五(一八九二)年、島原半島に生まれた。ミッションスクールで英語を学び、キリスト教に入信。現役で第一高等学校に合格し、卒業後は西田幾多郎に師事すべく京都大学哲学科に進んだが、信仰への懐疑が生じ、煩悶《はんもん》する哲学徒となった。その後、カント、ヘーゲル研究を重ね、哲学は宗教と不即不離の関係にありと認識し、総合芸術の殿堂(日大芸術学部)建設に邁進《まいしん》した。書斎派の哲学に満足せず、現代のソクラテスとして「街頭の哲学」に徹した。

古今東西の哲学者を自家薬籠《やくろう》中のものとする松原哲学（宗教・芸術）は深遠な思想を湛《たた》えている。二十数冊の著作は現在、すべて絶版だが、是非、『芸術の門』を読んで、松原の煩悶・求道《ぐどう》・創造の息吹に触れていただきたい」

時代はさまざまな思潮・流行・風俗などが入り混じって形作られていく。後世から振り返ると、時代は一つのフラスコのようなもので、自己主張をしていた思潮・流行・風俗などばかりか個人もまたフラスコの中で揺さぶられて、一つの時代の色が染み付いていく。松原先生の思想・行動の根っこを形作った一九世紀末（明治時代）から二〇世紀初頭（大正時代）にかけてもまた、たとえば大きな思潮がいくつも生まれたが、それらからも一つの共通の色を見つけ出すことができる。共通の色については後述するが、松原先生もまた時代の子で、時代の大きな流れに逆らえず、巧みに泳ぎ切ったことが先生の伝記（『松原寛』日本大学芸術学部発行）からうかがえる。

3

小説家の芥川龍之介、詩人・小説家の佐藤春夫、詩人・仏文学者の西條八十や堀口大学などもまた、松原先生と同じ一八九二（明治二五）年の生まれである。近年、一〇〇歳をこえて茶の間の話題をさらった双子の姉妹きんさん・ぎんさんもまた同年の生まれだ。現代からは一世紀と四半世紀をさかのぼった昔ということになるが、明治維新からはわずか二五年、日清戦争の勝利で富国強兵の流れはまだ続いていた。若者がその流れで泳ぐためには、立身出世がまず直近の理想だった。その第一関門が第一高等学校（東京帝国大学の登竜門）への入学で、多くの若者がそれを目指した。

松原先生の「現役で第一高等学校に合格」は、その意味で特筆すべきことで、芥川龍之介の秀才に匹敵しよう。もちろん、日本の中心・東京の公立中学校を首席で卒業し、無試験で第一高等学校（いわゆる一高）に入学した芥川の秀才ぶりと、長崎の私立中学校のミッションスクール・東山学院を首席で卒業、代表で英語の卒業スピーチをした足で第一関門に合格した松原先生の秀才ぶりを並べても比べようがないだろう。しかし、たとえば和歌山出身の佐藤春夫が不合格の憂き目に遭って、慶応大学に入ったように、大勢の中学生がこの関門で苦汁をなめた。

当時、立身出世の夢を実現したエリートたちは、現役で府立一中から一高・東京帝大に進み、法科か医科で学んで、卒業後は行政官吏や司法官吏になるコースを歩んだ。文科系に進んだサブ・エリートたちは卒業後、大半が学校職員（教師）になった。付け加えれば、歴史・哲学・文学を学べる帝国大学は、東京帝大と京都帝大だけで、松原先生は両校に学んだことになる。こうした事柄は竹内洋著『教養主義の没落――変わりゆくエリート学生文化――』（中公新書）から拾っているのだが、そのころの多くのエリート学生（旧制高校生）の間で、教養主義が流行していた。もちろん、一高生の松原先生もまた教養主義の波をもろに受けた。同書は「教養主義とは、歴史、哲学、文学などの人文系の書籍の読書を中心とした人格主義である」と説明している。

しかし、松原先生はせっかく入った一高だったが、キャンパスの雰囲気にはなじめなかったようだ。伝記は「洋々たる光明と希望を抱きながら入学した誇り高き第一高等学校が、ミッションスクール出の松原青年から見ると愛情に欠けた詰め込み主義の、味気ない学校でしかなかった」と記している。足は自然と教室から遠のき、図書館へ向かった。

4

松原先生の著作を通して言えることは、先生の人格を高めるために生じた哲学的・宗教的煩悶が「書籍の読書」による後天的な産物でなく、自身の人生の実体験による先天的な産物であったことだ。私の読んだ先生の著作は、清水先生から渡された『現代人の宗教』(太陽堂発行)、『宗教の門』(大阪屋号書店発行)、『生活の哲学』(日本公論社発行)の三冊と『松原寛』付録の『親鸞の哲学』(モナス発行)だけだが、私は上のように松原先生の教養主義を考えており、その点が書籍から人生の煩悶までもコピーしがちな多くの教養主義者と先生との大きな違いだったと思う。

商家に育った松原先生は、父親の反対をあだこうだと屁理屈で押し切って、ミッションスクールの中学校に入った。それは高等商業学校入学の予備のためであったが、入学したら聖書の講義に興味がわき、同時にさまざまな人生の疑問がわき起こってきた。先生はそのいきさつを『宗教の門』で、こう述べている。

「それは中学に入る前後から私には罪の意識が浮かんで来て居た。どうして罪を脱かれ得るだろうか。どうにかして救われ度いとの要求が頭のなかを往来して居た所為であろう。それと相前後して人生問題や論理問題を考え出した。高山樗牛や国木田独歩や、又は中江兆民など云う人達の書を愛読した。それに依ってこの方面に益々刺激された。疑問は次から次に生まれ、懐疑はだんだん深くなって行った」（現代仮名遣いに変更）

先生はキリスト教に入信し、信仰の懐疑を哲学によって解決しようと一高に進んだ。しかし、信仰と哲学の間の煩悶は解決できず、先生はさらに苦しんだ挙句、「教養主義の奥の院」（『教養主義の没落』）、つまり帝大文科大学（後の文学部）で思索を重ねることにした。具体的には、東京帝大英文学科から「西田幾多郎先生や朝永三十郎先生の薫陶を受けよう」（伝記）と京都帝大哲学科へ転入した。

5

教養主義の流行を強力に支えていたのが哲学と宗教だった。単独に哲学ブーム・宗教ブームがあったと言ってもいい。『教養主義の没落』は、この教養主義の芽生えが旧制高校教師の新旧交代にあった、と見ている。「古武士タイプの教師」から「新しいタイプの教師」に替わったのだが、後者の代表が土井晩翠（二高教授・詩人）、高山樗牛（二高教授・評論家）、西田幾多郎（三高教授・哲学者）、厨川白村（三高教授・英文学者）、桑木厳翼（一高教授・哲学者）、夏目漱石

（五高教授・英文学者）、新渡戸稲造（一高校長・思想家）らだ。二高は現在の東北大学、三高は京都大学、五高は熊本大学だ。三高・京都帝大の哲学者には他に朝永三十郎や田辺元などがいて、「奥の院」哲学科はカント哲学を中心に欧米の哲学を学ぶには最高の環境だった。

松原先生の著書には欧米の新旧の哲学者が大勢入り乱れて登場するが、それが教養主義の「教養」のあり方を示してもいるが、当時の日本の哲学界に影響を与えた同時代の哲学者・思想家もまた多く散見される。ベルクソン、リッケルト、オイケン、ディルタイ、ニーチェ、ショーペンハウアー、ロマン・ロラン、トルストイ、ウィリアム・ジェイムズなど無作為に羅列してみたが、彼らの著作は勃興してきた「哲学書の岩波書店」（当時そう呼ばれた）から刊行され、世間の大きな話題となっていた。同時に、若者たちを夢中にさせたのがマルクス主義だった。多くの関連書籍が次々に出版された。松原先生は一九三一（昭和六）年、四〇歳のときに、「ヘーゲルと歴史哲学」の論文で日本大学最初の文学博士の学位を受けた。論文中、当然マルクスの『資本論』に言及しているが、学生時代にマルクス主義にかぶれるようなことはなかった。

松原先生は大学で哲学の研究を通して宗教的煩悶を解決しようとしたが、ことはそううまく運ばなかった。先生の言葉を借りれば、こんな風だった。

「私は只宗教を冷やかに考えてそれで満足するものでない。宗教その者が私の胸の中に開顕する日を待って居る」（『宗教の門』）

こうした思いがやがて「哲学は宗教と不即不離の関係にあり」（コラム「この三冊」）という認

識に結ばれていくのだが、宗教ブームは先生ばかりでなく、大勢の若者の心を揺さぶっていた。

6

一九世紀末から二〇世紀初頭にかけて流行した宗教ブームの特徴は、人々の関心が宗教の教義自体、たとえば真理を論じることよりも、内面的な信仰に向いていたことだ。松原先生も一九二一（大正一〇）年刊行の『現代人の宗教』で、こんな例をあげている。親鸞は「阿弥陀仏をふかくたのみまいらせて、念仏もうすべきなり」と指導しているが、なぜ南無阿弥陀仏の名号がたやすく人々の口に出てこないのか、と。内面的な信仰に絶対的な価値を置こうとするスピリチュアリズム（制度的宗教からの超越主義）と言ってもいい。信仰の対象は人間の霊魂から大自然の神秘まで、ヒューマニズム（人道主義）からオカルティズムまで、一九世紀アメリカの思想家エマーソン風に言えば、そこに「宇宙の生命」が満ちていればよかった。

先生は『現代人の宗教』の「来るべき神秘思潮」の章で、当時の文芸思潮を代表する四人の作家（島崎藤村・倉田百三・有島武郎・武者小路実篤）を取り上げて、彼らの信仰の傾向を分析している。先生は批評の尺度を「人間味」や「人間性」に見立てて、それらが「矛盾した人間らしい心」となって、私たち普通の人間の苦悩や煩悩に巣くっている、と考えていた。問題はその深さだ。

島崎藤村は自然主義作家で知られているが、先生は中年男性の道ならぬ恋を描いた藤村後期の作品『新生』を取り上げ、「熱い熱い涙を禁ずる事が出来ない」、「どこまでもぐんぐん私達を引張って行く力を持って居る」作品だと評価する。それは愛へ主人公の「貴い血税が払われて居る」からで、「どうしてこの一篇の作物を、自然主義の範疇に入れ得よう。で今私は之を以って、人道主義的作物とするに、誤りはなかろうと思う」と述べる。しかしながら、作品には「人道主義的精神の徹底もなければ、又その深化もない」とも辛辣に付け加えている。

倉田百三は『三太郎の日記』の作者・阿部次郎と並んで、ベストセラー作家として当時の高校生たちに人気があった。先生は親鸞と息子の善鸞との信仰上の行き違いを描いた百三の代表作『出家とその弟子』を取り上げ、求道者・善鸞の「宗教上には無神論、道徳上の無政府状態のどん底迄、落ちて行かねばならぬ」姿を見つめる。さらに、孤島に流罪になった主人公の生きる執念を描いた『俊寛』に言及し、この作品を「人間心事の真相の記録」であり、『最も徹底せる、ヒューマニズムの作物」だと述べている。

有島武郎と武者小路実篤は断るまでもなく人道主義的作風で有名なのだから、藤村と百三で指摘した人道主義的傾向をもっていて当然なのだが、武郎の『或る女』などを読むと、「人はただパンのみにて生きるものではない。肉や官能のままに動くと見るはまだ反省が足りなくはあるまいか」と先生は批判する。さらに、実篤は「終始一貫のヒューマニスト」として評価できるが、文壇にヒューマニズム（人道主義的思潮）の風を吹かせているとは思えない、と結んでいる。

7

松原先生は信仰がヒューマニズムにあると見ているのだが、しかし、そこでは「人間味」や「人間性」の分析がまだまだ不徹底で、人間を含めた「宇宙の生命」の果てまで歩まねばならないと考えている。先生自身の言葉を記す。

「で今若し、人道主義が生命の高調を志すのであるならば、生命の真相にまっしぐら（……）に突き進む事を願う外はないであろう」（「来るべき神秘思潮」）

かくして先生の宗教観は以下のようにまとめられる。

「もとより宗教は宗団の中にあるのではない。教義の受入れではない、信仰箇条の束縛ではない。只々精神至奥、最内面の個人的到密の裡にある。深き恋は秘めたる恋である。宗教は云わず語らず、ひめたる裡に味到されねばならぬ。只人間が人間として、生命の錘を無限の深みに下ろす時、そこに宗教が生れるのではなかろうか」（同上）

先生の宗教観の背後には、当時流行したウィリアム・ジェイムズの心理学やベルクソンの哲学などの「生命主義」がある。先生は「生命主義」より「神秘主義」と呼んだほうがいいと述べているが、鈴木貞美著『「生命」で読む日本近代――大正生命主義の誕生と展開――』（日本放送出版協会発行）によれば、二〇世紀初頭（大正期）、「近代思想がはらんでいた自然征服観や生存競争の思想に対抗し、それを超えようとする思潮が登場し、「生命」がいわばスーパー・コンセプトに押し上げられていたのである」という。先生が学んだ京都帝大哲学科の重鎮、西田幾多郎・田辺元の両教授こそ「生命主義」に先鞭をつけ、当時の思潮に大きな影響を与えた。それは哲学・宗教・芸術・文芸までにおよぶ広大な流れで、一つの時代の色になっていた。

西田教授の講義の一部が『「生命」で読む日本近代』に引用されているが、学生だった松原先生がどれほど強い影響を受けたかが想像できる。

「我は世界なくして生きることを得ず、世界はしかもその際、生きんと欲する我の意志を、或《あるひ》は助成し或は阻碍《そがい》する。しかも我々はあくまで生きんことを求め、永遠の生命を求める。このやうにどこまでも生きんとすることが宗教心なのである。従つて宗教心といふ一種特別のものが人間にあるのではない。生きんとする意志の根本的要求が宗教心なのである。我と世界とには根本的な矛盾があるが、しかもそれを超えて一つになり、あくまで生きんとする意志が宗教心なのである」（講義録『哲学概論』）

8

松原先生は「生命」を存在の普遍的原理にすることで、哲学・宗教・芸術を一体不可分のもの（ホリスティック）として認識する立場を築いた。大戦中、「生命」が日本民族と結び付いたとき、少し危ういこともあったが、先生はそこを乗り切ることができた。それは「生命」の無秩序をも抱き込むことのできた先生の大人（たいじん）ぶりと、哲学・宗教・芸術に教育を加えた先生の才覚があったからだろう。

先生が日本大学教授になったのは一九二一（大正一〇）年、三一歳のときだ。先生は前年に出版した『現代人の宗教』の「綜合文化としての宗教」の章で、こんな文章を残している。

「宗教は文化の絶対至高の王国である。人間の絶対完成の学園である。千種万葉の芸術的要求をもつ我等は、その凡てを隈なく満さんとする、綜合芸術の大殿堂に至らねばならぬ。ちょうどそのように我等はあらゆる文化的理想を満々たる水の如くに漂えた、綜合文化の世界を窺わないでは居られない」

そのころの先生は京都帝大哲学科の「生命主義」、とくに「生命主義」の立場から当時流行の「文化主義」（culturism の訳語、「教養主義」も同じ原語）を説明した田辺元教授の影響下にあったと思う。また、「綜合芸術」を「舞台芸術」としてとらえており、「総合芸術の殿堂（日大芸術学部）建設に邁進」（コラム「この三冊」）までにはもう少し年月が必要だった。しかし、「芸術教育」（同名の著書を日大教授就任の翌年に出版）への関心はすでに高揚していたようで、三四歳のときに書かれた『宗教の門』は「宗教教育論」を最終章に置いている。くどいようだが、先生にとって、宗教は哲学であり、芸術である。先生は最終章で、こう述べている。

「教育はその創造的なる事に於て芸術に等しい。こう云うと、芸術を解せざるも甚しいと云う人もあるであろう。芸術は併し紙に書いた詩、楽器で奏ずる律呂のみに限る謂われはない。生命の活き活きした流れに旋律はなり個性が無限の進行曲を奏するところに詩は見出される。わが友は良い事を云って居る。教育は自己創作自己深化であると。まことに自己の確立自己の創造をおいて何処に教育があるか」

9

一九七二（昭和四七）年の晩秋、芸術学部五〇周年を記念して、『松原寛』と『日本大学芸術学部五十年史』の二冊がセットで刊行された。『五十年史』には、一九二一（大正一〇）年、神田三崎町校舎に美学科として産声を上げた芸術学部が、芸術教育に対する世間の無理解の中、実技を重視した芸術科に生まれ変わり、映画・写真などの専門分野を取り入れた工科として戦時体制を乗り切って、江古田の現在地に総合芸術教育の殿堂を築くまでの歴史が詳細に書かれている。そして、学部が困難に遭遇した節目、節目に必ず松原先生の活躍が記されている。実技を中心に据えた八学科（総合芸術）というユニークな教育のあり方は、前出した先生の教育論を読めばお分かりのように、先生の芸術教育の理念が大きく反映している。

私は冒頭で書いたように、松原先生の存在をまるで意識しなかった不肖の芸術学部出身者だ。五〇周年のとき、私は文芸学科の助手として勤務しており、二冊の本を記念品として家に持ち帰った。時おり、『五十年史』を開くことはあったが、先生の伝記は本棚の一番上に鎮座したまま五〇年近くが過ぎてしまった。しかし、こうして先生の足跡をたどってみると、キャンパスには先生の精神が確かに生きている気がする。それはさまざまな間違いを許容できる自由、先生の哲学の流儀で言えば、「生命」の自由と自律だ。イデオロギーとしての自由でなく、生きて触れる自由だ。「日芸賞」に輝く卒業生の面々は、この「生命」を思う存分に謳歌して、芸術分野の各界に飛び立っていったのではないか。

私が文芸学科の学生だったころ、『五十年史』を調べてみたら、松原先生の教え子が幾人も教壇に立っていた。教え子ばかりか、ほとんどの先生たちが学生と同じ机に座り、脱線の多い雑談のような講義をしていた。そして、まるで私たちを学生というより文学を愛する仲間のように遇してくれた。私はそんな「生命」の自由と自律を大切にする雰囲気を芸術学部の校風だと思って、学生生活を大いに楽しんだ。

今日、半世紀もたってしまったが、私はその校風こそが松原先生の教えであり、先生の建学の精神から生まれたことを知った。そして、松原先生の遺伝子が出身者に伝わり、なぜか中村文昭・清水正の両先生のもとで、精神の突然変異「エラン・ヴィタル」（生命の跳躍）が奇跡のように起こった。松原先生の芸術教育の理念が目に見える形で開示されたのだ。不肖の私はといえば、開示の恩恵（？）を受けて、松原先生の足跡をたどり直すことができた。芸術学部の先輩としての体面を繕えただろうか。

あとがき――「と」が結んだ友誼――

二十一世紀に入った年のある日、あと二年で還暦を迎えるわたしに、大学の後輩の清水正氏から約三〇年ぶりに連絡があった。お会いしたところ、氏はふたりの母校・日本大学芸術学部文芸学科の主任教授になっており、わたしに母校の非常勤講師になってくれまいか、という好意にあふれた申し出があった。わたしは少し迷ったが、ありがたく引き受けた。以後、わたしはアカデミズムの一員になったので、清水氏を清水先生とよぶ。

当時、わたしは都内に「宗教考現学研究所」という看板をつけた小さな会社を営んでいた。仏教書籍の委託編集を細々とやっていたが、三〇代をインドの仏教の聖地ブッダガヤに送ったということで、しばしば大きな仏教イベントの運営を手伝わされた。毎日コミュニケーションズ(現・マイナビ)主催の「大チベット展」(一九八三年)では、ネパールのカトマンズに滞在して、展示する寺院本堂のレプリカ制作の職人たちを監督した。九州・篠栗四国霊場の総本寺・南蔵院が建立した巨大な釈迦涅槃像の開眼式(一九九五年)では、スリランカの僧侶一〇〇人を迎えに現地をたびたび訪れた。清水氏から声がかかったときは、大本山・永平寺の「高祖道元禅師七百五十回大遠忌」（二〇〇一年）にまつわる文化事業の一環で、アメリカ・カリフォルニア州のスタンフォード大学で開かれた「道元禅師シンポジウム」（二〇〇〇年）に実行委員の一人として参加していた。

そんなこんなで、わたしはすっかり抹香臭くなってしまっていた。だから、週に一日、母校でまっさらな学生たちを相手に、ジャーナリズムの講義や実技をすることは大変に楽しかった。非常勤講師二年目の秋口、だしぬけ清水先生から専任教授で迎えるから、再び母校にきちんと戻って勤め直してはどうか、と前より一段とあたたかい言葉の申し出があった。思い起こせば一九七四年六月、母校の助手だったわたしは新学期ガイダンスの業務を終え、旅立った先のインドから大学へ辞表を郵送した。本音は、前年の春休み、学生たちと出かけたインドに魅せられたというのが、表向きの理由だった。一九六〇年代末に起こった大学紛争が終焉し、キャンパスも落ち着き、わたし自身も助手の再再任が認められたが、アカデミズムの生き方にすっかり疲れ果て て、休息が必要だった。

わたしが疲れ果ててしまったアカデミズムの世界は、個人の尊厳を守る「社会」というより、人間関係の掟を個人より優先する「世間」だった。そこでは一人一人が極度の緊張を強いられた。滅多に敵対する者はいなかったが、彼を含め無用な者は「世間」から掃き出された。そんなアカデミズムの世界に再び生きるには、相当な覚悟が要るだろう。みっともないほどの逡巡を清水先生にさらした挙句、結局、わたしは先生の申し出を受けた。いずれにしても、そうした面倒なアカデミズムの世界からわたしは一度脱落した。しかし、清水先生は戦い抜いて主任教授になった。そのことを肝に銘じて、わたしは還暦になった二〇〇三年四月から専任教授として母校に復帰した。

三〇年ぶりに付き合いなおした清水先生は、とりわけ文芸批評に打ち込む姿勢は、学生時代から一ミリも変わらなかった。ただ文章量は格段に増えていて、分厚い著書を贈呈され、感想文を求められたときは、どこかで見た光景を思い出した。本書の「ドストエフスキー体験」でふれたが、先生の学生時代、分厚い原稿の『カラマーゾフの兄弟』論」の感想を求められたときのことだ。そのときは、ゼミ雑誌『出入り自由』に原稿を連載することで、難（？）を逃れたが、こんどはどうしよう。とくに『清水正・ドストエフスキー論全集』のボリュームと濃い内容には閉口したが、先生独自の「解体と再構築」という文芸批評をくりかえし読むうちに、こんなことに気がついた。「解体」の方法を先生に向ければ、著作にはわたしたちに身近な「世間」の事柄がいくつも転がっており、読む視点を変えれば、著作は先生がアカデミズムの「世間」と戦った歴史、いわば戦史ではないか。それを読み取ろう。本書の「II　清水正論」に収録したエッセイ群がそれだ。

本書「I　マサシの空空空」に書き下ろした「運命は神の面をつけるか――マサシの『浮雲』論――」は、清水先生が一〇年かけて書き上げた『浮雲』論（一〇冊）の先生自身の発言に対して、架空の正空聖人と即禅師、さらにわたしの声を取り上げて、いわばポリフォニー仕立てにした解読エッセイだ。最近読んだ若い文学研究者・横道誠著『村上春樹研究：サンプリング、翻訳、アダプテーション、批評、研究の世界文学』（文学通信刊）は、大変に刺激的な本だった。そのキャッチコピー「村上作品を取りまくポリフォニーをどう聴くのか」は、ぜひパクリたい。わたしは先生の膨大な著作を目にすると、ＡＩにそれらを読み込ませて、「清水正研究」を書いてほしい衝動に駆られる。

本書はわたしが清水先生の依頼で作文したエッセイを収録して、書籍に記録しておけば、いつか誰かが読んでくれるだろう、という先生の厚い好意から出版が実現した。言葉に尽くせぬ感謝の気持ちを抱きながら、サブ・タイトルにちょっとそっけない「清水正とわたし」をつけ足した理由は、ふたりを結んだ「と」にある。宗教人類学者の佐々木宏幹著『〈ほとけ〉と力』（吉川弘文館刊）で著者は、タイトルを『〈ほとけ〉の力』でなく、『〈ほとけ〉と力』にした理由について、近年の宗教人類学の立場からこう解説する。

「学説史的には長い間「と」で繋がれる前項と後項の異質性・差異性を強調してきた学問研究の方向を、両者の関連性や複合性の重視へと転換させるのに大きく貢献したのが（宗教）人類学者たちであった。

それはテクスト的研究方法に加えての、コンテクスト的研究（生活の現場の重視）の展開であったと言えよう」

わたしは清水先生と研究対象を同じにしている訳ではないので、後者の立場から先生の研究書の感想を述べさせてもらった。その上に、「Ⅲ　中心と周縁」では、広い意味の文学研究者の仲間として、文化人類学者・山口昌男著『文化と両義性』（岩波書店刊）の「中心と周縁」理論を援用して、「周縁」の「わたし」（他者）にも豊かな多義性を再生産する可能性がありますよ、とほのめかす文章を遠慮せず収録させてもらった。

二〇二四年七月二日　八十二歳の誕生日

三郷にて　　此経啓助

初出一覧

「私」とは何か――死と祈りを巡って〈批評生活〉五十五年――清水正（『江古田文学』一一四号「特集・日本実存主義文学」／二〇二三年一月二五日／江古田文学会）

I　マサシの空空空

◉マサシ外伝（『清水正・ドストエフスキー論全集』第一〇巻「宮沢賢治とドストエフスキー」・栞／二〇一八年三月二五日／D文学研究会）

◉マサシとドストエフスキー（『ドストエフスキー曼陀羅』特別号「清水正とドストエフスキー」／二〇一八年一一月一日／日本大学芸術学部）

◉運命は神の面をつけるか――マサシの『浮雲』論――（書き下ろし）

II　清水正論

◉「全集」とアイデンティティ（『清水正・ドストエフスキー論全集』第二巻「停止した分裂者の覚書」・栞／二〇〇八年五月三〇日／D文学研究会）

●「あちら側」のドストエフスキー論（『清水正・ドストエフスキー論全集』第三巻「ドストエフスキー『罪と罰』の世界」・桀／二〇〇八年九月二〇日／D文学研究会）

●続・「あちら側」のドストエフスキー論（『清水正・ドストエフスキー論全集』第四巻「手塚治虫版『罪と罰』を読む」・桀／二〇〇九年四月一〇日／D文学研究会）

●「世間」にとらわれない男（『清水正・ドストエフスキー論全集』第五巻『罪と罰』論余話」・桀／二〇一〇年四月三〇日／D文学研究会）

●続・「あちら側」のドストエフスキー論（『清水正・ドストエフスキー論全集』第六巻「『悪霊』の世界」・桀／二〇一二年九月三〇日／D文学研究会）

●両眼を潰さないオイディプス王（『清水正・ドストエフスキー論全集』第七巻「『オイディプス王』と『罪と罰』」・桀／二〇一四年七月三一日／D文学研究会）

●批評としての「スクラップ・アンド・ビルド」（『清水正・ドストエフスキー論全集』第八巻「『白痴』の世界」・桀／二〇一五年一〇月三一日／D文学研究会）

●文学という出来事（『清水正・ドストエフスキー論全集』第九巻「ドストエフスキー体験記述」・桀／二〇一八年九月一〇日／D文学研究会）

●文芸批評の王道―夏目漱石から清水正へ―（『ドストエフスキー曼陀羅　9号』／二〇一九年一二月二五日／日本大学芸術学部文芸学科「雑誌研究」編集室）

Ⅲ　中心と周縁

◉ドストエフスキー体験（『江古田文学』八二号「特集　ドストエフスキーin 21世紀」／二〇一三年三月二五日／江古田文学会）

◉ドラえもんとロボット（『〇型ロボット漫画』／二〇一四年一二月二〇日／日本大学芸術学部図書館）

◉松原寛先生の遺伝子（『日藝ライブラリーNo.3』「特集　日本大学芸術学部創設者・松原寛」／二〇一六年七月七日／日本大学芸術学部図書館）

此経啓助《これつねけいすけ》（プロフィール）

一九四二年七月二日、戦中の東京生まれ。幼年時代の環境から「焼け跡野原派」を自称する。五八年、都立石神井高校入学。ＦＥＮ（在日米軍向けラジオ局）から流れるラブソングに夢中になる。六二年、理工系の大学入試に全敗し、日本大学芸術学部文芸学科入学。文学青年をはじめて知る。六六年、卒論「湯川秀樹に於ける自然認識の方法」を提出し、同学部卒業。特別研究生・副手をへて、七〇年、同学部助手。全共闘学生と教職員の間でオロオロする。七四年、退職し、インドへ。「遅れてきたヒッピー」と「サドゥー（乞食僧）」が同じに見えたので、長髪を切る。七六年、インド国ビハール州立マガダ大学大学院講師。七九年、帰国後、フリーランスのライターを経験し、八五年、宗教考現学研究所設立・所長。仏教関係の書籍編集やイベントに携わる。二〇〇一年、日本大学芸術学部文芸学科非常勤講師。二〇〇三年、同学部教授。以後、大学人として生きる。二〇一二年、同学部非常勤講師（定年延長）。二〇二〇年のコロナ騒ぎのなか退職、現在に至る。

【学術研究】「小林秀雄におけるジイドの役割」（日本大学芸術学部紀要『芸術学』1号）、「明治時代の葬列とその社会的象徴性」（同『芸術学部紀要』40号）、「明治時代の文化政策と宗教政策」（同紀要41号）、「神道式墳墓とは何か1〜14」（同紀要42〜55号）。

【著書など】『アショカとの旅―インド便り―』（現代書館）、『明治人のお葬式』（現代書館）、『都会のお葬式』（NHK出版）、『仏教力テスト』（NHK出版）、『東京お寺も〜で』（共著／日本地域社会研究所）、『日本人のお墓』（共著／日本石材産業協会）、『図録・大チベット展』（編集人／毎日コミュニケーションズ）、『国際人事典』（編集人／毎日コミュニケーションズ）、『セルフ・ヘルプ・ガイド　創刊号』（雑誌編集長／西北社）……ほか多数。

文芸批評の冒険
清水正とわたし

2024年9月30日初版第1刷印刷
著　者　此経啓助
発行者　百瀬精一
発行所　鳥影社(www.choeisha.com)
〒160-0023　東京都新宿区西新宿3-5-12 トーカン新宿7F
電話　03-5948-6470, FAX 0120-586-771
〒392-0012　長野県諏訪市四賀 229-1(本社・編集室)
電話 0266-53-2903，FAX 0266-58-6771
印刷・製本　モリモト印刷

ISBN978-4-86782-117-6　C0095